新 旅ボン イタリア編

ボンボヤージュ

まえがき

初めての海外旅行をマンガにしました。

読んでも旅の役には立ちませんし、

イタリア通にもなれませんが

カツオブシのように

身を削って描きました。

楽しんでいただけますように。

2007.09 Bon.

★登場人物の紹介★

ボンボヤージュ（ボン）

この本の作者。♂
元祖(自称)ひきこもりイラストレーター。
基本的に締め切りは守らない。
見た目ネコっぽいが人間。しかもミソヂ過ぎ。
名前が外国人っぽいが日本人。日本語以外は全然分からない。
日本語も少し分からない。
基本的に外には出ない。
主に部屋でじっとしていることを好み。自分から旅に出るようなことは決してしない。
海外経験ももちろん**ゼロ**で今回のイタリア旅行が人生初の海外体験となる。

SUZU

ボンボヤージュ担当編集者。♀
旅行好きで海外経験豊富。
旅行先には**いのうえさん**(サルのぬいぐるみ)を連れて行き写真をとるのが趣味。
英語は聞きとれるが話すことはできない。

・これまで行った場所

アメリカ西海岸	イタリア	マレーシア	トルコ
イギリス	フランス	ホンコン	ベルギー
エジプト	インド	マカオ	ハワイ
ギリシア	ケニア	メキシコ	モンゴル
オーストラリア	モロッコ	……	

イセキくん

今回の旅の通訳兼ガイド。♂
幼い頃から英国とイタリアですごし小学生の時に日本に帰国。
大学ではイタリア語とイタリア文学を専攻し、その後もイタリアに短期留学し、語学・歴史・文学を学ぶ。
イタリア語ペラペラ及びイタリア事情にも精通する「カッコいいじゃないのチミィ!!」な若者。

もくじ

イタリア今回行ったところ地図

※数字は訪れた順番で、日程ではありません。

旅ボン・イタリア編

出発～帰国までの行動表

	取材時の行動目標	本書で実際に訪れている主な場所	宿泊地
1日目	午後成田発-夜ローマ着。着後ホテルへ直行。疲れをとって時差に慣れる。	成田空港、（ローマ）フィウミチーノ空港、テルミニ駅	ローマ
2日目	とりあえず一日まるまるローマ市内観光。「ローマの休日」っぽく観光。	スペイン広場、ポポロ広場、サンタ・マリア・デル・ポポロ教会、ヴァチカン市国、サン・タンジェロ城、コロッセオ	ローマ
3日目	朝から電車でナポリへ。ナポリで本場のピザを食べる。カプリ島で、できれば青の洞窟へ行きたい。	ナポリ、カプリ島	ローマ
4日目	夕方ローマ出発-電車にてフィレンツェへ。着後軽くお散歩。	スペイン広場、トレヴィの泉、フォロ・ロマーノ、真実の口、チルコマッシモ	フィレンツェ
5日目	朝から電車でボローニャへ行き、一日絵本ブックフェア見学。帰りにかならず「ボロネーゼ」を食べて来ること。	ボローニャブックフェア	フィレンツェ
6日目	とりあえずドゥオーモ周辺を中心にフィレンツェの街を歩いてみる。	サンタ・マリア・ノヴェッラ教会、中央市場、イノシシ像、ウフィッツィ美術館、ヴェッキオ橋、天国の門、サンタ・トリニタ橋	フィレンツェ
7日目	午後フィレンツェ出発、電車にてヴェネツィアへ。着後軽くお散歩。	（フィレンツェ）ドゥオーモ、（ヴェネツィア）サン・マルコ広場、リアルト橋	ヴェネツィア
8日目	とりあえずゴンドラに乗る。ヴェネツィアングラスの工房を見学する。	ムラーノ島、ヴェネツィアングラス工房、ゴンドラ、ため息橋	ヴェネツィア
9日目	午後ヴェネツィア出発、電車にてミラノへ。着後軽くお散歩。忘れずにお土産を買うこと。	（ヴェネツィア）仮面屋さん、（ミラノ）ドゥオーモ周辺	ミラノ
10日目	午前中、ミラノの街を散策。午後空港へ。夕方の便でミラノ出発。	（ミラノ）サンタ・マリア・デッレ・グラツィエ教会、マルペンサ空港	機中泊
11日目	朝成田着、解散。家に着くまでが旅行です。気をゆるめないように。	成田空港	帰国

※取材時に予定していた行動と実際に訪れた場所を簡単に表にしてあります。本書には「イタリア行く前に必読！」というような、読んで為になる知識はあまり含まれておりませんが、もしもこの本を旅の計画の参考に、とお考えの奇特な方がいらっしゃるようでしたら、この表も何かの一助になれれば幸いです。

1 UNO

1日目
いざ、イタリアへ

※本書に描かれている登場人物の所属・役職、年齢等は、取材当時 (2005 年 4 月) のものです。

うらー!!
ぴゅ〜
ブン
べちゃ
ジリジリ
ジリ
ギャー――
まぶしい、まぶしい!!
日光はやめて!!
直射日光はやめてあげてぇ――!
ゴロゴロゴロ
出発は2ケ月後ですから、まず日光を浴びて体を慣らしたらすぐに旅券課に行ってパスポート作ってもらって下さい、それからスーツケース買って旅の準備をして下さい。
大至急!!
いいですね?
こうしてペンネームは外人っぽいが日本を一度も出たことがなく部屋の隅大好きっ子でありひきこもり第一人者であり、友達ほとんどいないっ子であり、この先異国に行くことなんて新婚旅行にでも行かない限りないだろうなぁ、じゃあ一生ないぢゃん、なんだとコノヤロー!! やんのかテメェ、表出ろ!! いや表はちょっと日差しが強いのでかんべんして下さい。なイラストレーターボンボヤージュは初海外旅行、初イタリア、初10日間の長旅へとしぶしぶ挑戦するのであった。
というわけでまずは言われた通りパスポートを取得すべく旅券課に行く…
いざ!!
…途中でサイフを落とす。
同時に、パスポートの申請に必要な身分証明に使うつもりだった原付の免許証も粉失し、いきなり出だしからつまづき、旅券課ではなく警察署に行くはめに。
あ、あれっ?あれれっ?
しかも警察署では免許証再発行に身分証明が必要だからパスポート見せろとか言われて、そのパスポート取るのに免許証がいるんだろがー!!
タマゴが先かニワトリが先かみたいなことになっとるだろがー!!
となりしばしもめる。
そんなこんなで誰のせいだか分からん(お前だ)が必要以上の日数を消費して、
やっと…
ドーン
やっとパスポート取得!!
日本国 旅券 JAPAN PASSPORT
31歳にして初パスポートゲット!! 後はスーツケースを買って服を詰めれば旅行の準備は完了だ♪
世界中〜これ一冊で安心だ〜♪
すっかりばっちり楽勝だ♪
ぐりーん
ぐりーん

と安心したのがいけなかった。一番の難関と思われていたパスポートを取得できたことで気持ちに油断が生じ、元来のナマケモノ気質に加え座右の銘である「明日できることは今日しない」を日々実践されてるボンボヤさんはスーツケースどころかパンツ一枚用意することなく一週間部屋でじっとして暮らした。
じ。
そして…
気がつけばスーツケースも未購入のまま出発2日前になっていた。
4月
イタリア出発日
あ
あさってイタリアだ。
むぅマズい。
このコマの絵、前のページの流用だ。
じゃなくて明日中に全ての旅の準備を終えねばならん。しかし海外も初めてなら10日間もの長旅もしたことないのでスーツケースの大きさも旅の必需品もさっぱり分からんちんだ。どうしよう。とりあえず寝るか。いや、逃げるか。うむ困った。
しかたないので旅行好きの妹に助けを求める。
あ、もしもし あのさぁ明後日からイタリアに行くことになってさぁ…10日ほど…
で スーツケースを…そうまだ買ってない。…だってじっとしてたらいつの間にやら2日前なんだもん…でお願いがありましてね…
結局翌日待ち合わせてスーツケース等の買い物につきあってもらい、そのままうちで留守番してくれることになった。
出国前日
久しぶり～♪
ボンボヤージュ妹
兄と違って旅行好き。オーストラリア旅行のツアーを予約した前日にスベって転んで腕の骨にヒビが入るも医者に診てもらうと旅行を止められるので病院にも行かずオーストラリア旅行を優先した程の旅行好き。
イタリアいいなー。
旅行用品店に到着。まずはスーツケース選び。
トラベルグッズフロア
スーツケースなんてしげしげと見たことなかったけどサイズも形も色々ありますね。
どれにしたらよいのやらさっぱりです。
スーツケース選びのポイントは旅の目的や日数によって様々ですが今回のような海外に10日間という場合なら丈夫なハードタイプで大きさは70cmくらいのLサイズがオススメです。もっと大きいものもありますが大きければそれだけ中身が増えて重くなってしまいますからほどほどの大きさにしましょう。

これにしよ♪
LLサイズ
でか!!
話聞いてた!?
説明しよう
この男、大きいツヅラと小さいツヅラがあったら迷いなく大きいツヅラを選び、そして失敗するタイプである。欲張りバァさんタイプである。
大きい方がいいのに…
ほどほどのサイズのやつゲット。
じゃあ次は海外旅行に持って行った方がいいものね。えぇと~
パスポートケース
サイフケース
パスポートやサイフ、貴重品を盗難や粉失から守ってくれる強い味方。
圧縮袋
かさばる衣類もスッキリ圧縮。
変換プラグ
日本と電圧が違うので変圧機能のないものを持って行く場合は変圧器も必要。
まあ持ってった方がいいのはそんなところかなあ。
その他は国内旅行と変わらないよ。
トラベルグッズ
後はお好みで好きなもの持ってけばいいんじゃない?
スーツケース見ててあげるから買い物してきていいよ。
りょうかい
マクラはいるかもなー
マクラ変わると寝られない人いるもんな。
寝られなかったことないけど。
ふふふ♪
水筒はいらないと思うけど。
何言ってんのお!! 旅行ったら水筒にカルピス入れて持ってくのが常識だろが!! ワールドスタンダードだろが!!
キッ
男のロマンだろが!!
遠足じゃないんだから。

これにカルピスを入れてってイタリアの町で周りからの羨望のまなざしを浴びながら飲むのだよチミィ〜♪
ホワワ〜ン
いいなー カルピス いいなー
ゴキュ ゴキュ
イイナー
イイナー
ふふふ 完璧だ。
というわけで男の買い物に口を出すんじゃなーい!!
ドーン♪
なら呼ぶなよ
あーもうスゲーいらないものばっか買ってる気配がする。
トラベルグッズ
旅行
これも これも
さっ
さっ
さささっ
ごっちゃり!!
○万円になりまーす。
高っ
買い過ぎた!!
ご旅行ですかぁ? スーツケースも買われてらしたみたいですけど海外旅行ですかぁ?
ええ イタリアへ10日ほど。
わぁー!! いいですねぇ。いつごろ行かれるんですかぁ?
明日です
ゴーン
早っ
えぇ!!
こうしてスーツケースと持ち切れないほどの旅行グッズを抱えて帰宅。
おー タイヤあると便利だね。
ゴロゴロゴロ
つっ重い。
早速スーツケースに10日分の着替えとパスポート、そして買って来たグッズを詰め…
完成?
ギュ ギュ〜

閉まらない。
でしょうね
まぁ初心者にありがちなことだけど何でもかんでも持っていこうとしないことが大事なのよね。
例えば着替えは減らして向こうで洗たくするとか…
ガチャ
ドーン
…何これ？
ゴゴゴ
ゴゴ
あっそれは梅干しと乾燥梅干しと小梅ちゃんとドライ納豆と漬けものセットとスティック携帯緑茶とスティックみそ汁と乾燥おにぎりと…
…のゴマあえセットとドライフーズお茶づけをそれぞれ10日分を目安に3〜4セットほど買って入れてある。
えぇー!!
こんなに持ってかなくていい。
ポイ ポイ ポイ
せっかく海外に旅行に行くのにこんなに日本の食べ物ばっか持ってってどーすんの!! その国の食を楽しむのも旅の醍醐味でしょ、持ってくにしても一つか2つで十分。
こんなにいらん、
だ、だって外国に行くと和食が恋しくなるってよく言うじゃ…
しかもイタリアなんて美味しいものいっぱいあるよ。パスタにピッツァに…ん？何コレ？
本格イタリアン食べ放題かー いいなー
ガサ
TRAVES
SENMENKI!!
…何これ？
あっそれはね使う時に空気入れてね、ふくらませてね、中央に水を入れるとね、なんと!!いつでもどこでも好きな時顔が洗える…
チャプーン
携帯洗面器でっす!!
スゲー
あぁ!!
いらね。
ガゴッ
ブン
ガーン

アマゾンの奥地にでも行くのか!!
だ、だってもしイタリアの洗面台が日本人に合わない形状だったりした場合、困ることになるかもしれんじゃないか!!
人類に合う形状してるから心配すな!!
持っていくことを禁じられたものたち。
ごっちゃり
おおう…こんなに置いてくなんて心細いぃ…
せ、せめてこの水を注ぐだけであっという間にしっとりおしぼりになるインスタントおしぼりだけでも…
いらないって。
さっ
じゃおやすみ早く寝ないと寝坊するよ。
した。
あぁー寝坊した。
ヤベッ遅れる。
えっとパンをみがいて歯ブラシ食べて…
ドタドタ
バタバタ
気をつけて行ってらっしゃい。お土産はくれぐれも忘れないように。
そっちも月曜日にジャンプ買っとくの忘れないように!!
後、ネコの世話よろしく。
じゃいってきます。
それから出かける時はガスの元栓しめてカギも忘れないようにしつつそれでいて落としたりもすることなく…
早く行かないと待ち合わせ遅れるよ。
たのんだよ。
昨日と違い、中身の入ったスーツケースは重い。重過ぎる。
つっつっつ
ガタガタガタッ
ふぬ〜!!
そして昨日買った時はスゴイ便利で楽チンだと感動したスーツケースのタイヤだが駅の階段では何の役にも立ちませんね。
渋谷駅
これイタリアまで運べる気がしない…
ゼェゼェ

SUZUさん登場
おはよーございます。
おっ!!スーツケースちゃんと買いましたね♪
でもでかくね?それ。重くね?それ。
おはようございまっす。
いやーいよいよイタリアですねー♪
頭の上に乗っているのはいのうえさんというサルのヌイグルミ。国内外を問わず旅行に行く時は必ず連れて歩き、彼の写真を撮るのがSUZUさんの趣味なのである。
こんな感じの写真
まずは成田エクスプレスに乗り成田空港へ。
Narita Express
N'EX
ゴオォー
ああっ
ん?どうしたんですか?
カラ
…
……カルピス入れてくるの忘れた。
は?
おや?
成田空港
チェックインまでまだ時間ありますね。どこかでお昼食べてきますか。
あっじゃあ和食にしましょうよ。
和食!!しばらく日本を離れるわけですし、日本を発つ前にぜひ。
なるほどいいですね。

チャーハン
ラーメン
ゴゴゴ ゴゴゴ
ズルズルズルズル
ハフハフ
……これ和食じゃないよね？
おなか減ってると中華をガッツリいきたくなりますよね〜。
ゴーン
ここで今回一緒に旅してくれるガイド兼通訳のイセキくん登場。
ど〜も〜今回はよろしくお願いしま〜す〜♪
イセキくん
イタリアに留学経験もあり、イタリア語もペラペラ。イタリアガイドはおまかせ。
イタリア楽しみですね〜
クレジットカード持ってないのでここで現金をユーロに両替。
ほほぉこれがユーロであるかあ♪
手荷物検査
ハイOKです。
さっ
ピィー!!
えっ？あれっ？ちょっ!!またっ？あっ!!
はいそこのネコみたいな人、こっち来て下さーい！
金属身につけてませんかー？
他人のフリしとこ。
説明しよう
ボンボヤさんは不思議なことにどういうわけかものスゴい確率で金属チェックに引っかかってしまう人なのだ!!ロボなのだ!!
飛行機の席が離れていたため一旦イセキくんと別れる。
じゃあローマで会いましょ〜！
後でね〜
また説明しよう。
ボンボヤくんは飛行機とシイタケが大の苦手なのである。特大の苦手なのである。
プルプルプルプル

にゃいあああ゛あ゛あ゛あ゛あ゛ー
飛んだ〜〜〜
キーーン
サヨナラ日本
キィーン
イタリアまでは13時間ほどかかります。飛行機嫌いにはたまりませんね！
映画いっぱい観れるね〜♪
・・・
でもその分、色々出てきてサービス満点です。
白ワインでございます。
どーもどーも。
おつまみがすでにイタリアっぽい!!
チーズ3種盛り合わせ。
チーズといくらとその他いろいろサンド
パイナップルの上にチーズ
パンと何か。
ただ一部独特なチーズの匂いに本場イタリアンへの一抹の不安がよぎる…
くさっ
と思ってたら晩ゴハンに和食が出た!!スバラシイ!!どうも日本で最後に食べてきたのがラーメンっていうのが引っかかってたのよ〜。いただきまーす♪
ひじきの煮物
フルーツ
煮カツ
豆ゴハン
かまぼこ
さといもの煮物
日本が恋しい！
早っ
食事も終わり、少々退屈してきた頃
5U ZL さんが
せっかくボンさん初海外、初イタリアなんですから実際に見る前にイタリアのイメージをイラストにしてみて下さいよ。後で比べてみたらおもしろそうだし♪
とおっしゃるので
描いてみました。
そうですね〜イタリアといえばアレとコレと……
キュキュキュ〜

ドーーーン
はい、出来あがり。
2005．4．10
ヒコウキの中
ローマは休日
こんな形
地中海
ナポリ
カスピ海
遠い。
ユーロ
こういう舟がある。
イタリア人がたくさんいる
テンション高い。
バラ
ギャングもコワい。
ピッツァ
マルゲリータ
チーズ好き
トマトが新鮮
ピチピチ
イタメシ屋が多い。
ナナメの塔がある。
ナポリタンがイケる。
発祥の地
たぶん全世界のケチャップの7割がイタリアで作られてるハズ。
デルモンテ
ワインもイケる。
白がイケる。
サイフはスラれる。
バッグもスラれる。
おーいいじゃないですか!!♪
ナポリタンがイケる。
発祥の地
あ
あ……ー
楽しみですね。イタリア（棒読み）
プイ
パタン
え？・な、何で目をそらすんですか。
な何かマズいこと描いてました？急によそよそしくなりましたけど…カッコ棒読みって書いてるし。
いやあそんなことありませんよ。（棒読み）
こっちを見ろぉー

しかしイタリアは遠い。もう何時間もずっと飛んでるし、何やら時折ガタガタ揺れるし、落ちたら天国一直線だし、こんな乗り物に乗ってて…
ガタン
ビクッ
ハァーまだかぁ…
爆睡してる人の気がしれない。
すぴー
あまりにヒマなので隣で爆睡している人の相棒をさらってスケッチしてみる。
んごー
すぴぃ
毛布はいかがですか？
あら？
ウキー!!
絵お上手ですね♪
飛行機も悪くない。
パァァァ〜♡
でへへ
ゴーン
そして日本を発って約13時間後…
ローマ
ついにローマに到着
おつかれ〜
おつかれです〜

おおおおお～
生まれて初めて海外の地に降り立っての第一声…
プルプルプル
トイレ行ってきてもいい？
どうぞ
ゴーン
もじもじ
海外初トイレ
無事、成功
やれやれ海外初のトイレだったからこんなのだったらどうしようかと思ってたけど普通だった♪
うおー イタリアーン
スッキリ
しかし蛇口が普通じゃなかった。
何だコレ？
何というか どこをヒネったらいいやら分からん。回せそうな場所は全て回して押せそうなとこは押しまくり、あーでもないこーでもないといじり倒していると…
グイ
ガコ
クルン
キュ
ブチュ
ペタペタ
出た!!
ジャー
そして止まらなくなった。
あれ？
ジャー
再びあーでもないこーでもないといじり倒すもどーやって水を出したか分からんだけにどーやったら止まるのかも分からない。回して押してなでてツネって引いてと、人類の英知を結集して蛇口をひたすらなでまわすも一向に水は止まらないではないか。
キュキュ
パコ
ゴキ
ガッ
ピヨピヨ
プルーン
あわわ、あわわわ
どうしよどうしよ…
ここのままだと…
？
ドーン
イタリアン新聞
マナー最悪
日本人観光客
水出しっぱなし!!
ジャポネーゼのあきれた言い訳
「うちの蛇口と違って」
本人曰く「水道だけに今回は水に流していただきたい」
先進国のオゴリか
伊政府は…
イタリアに着いてそうそう
国際問題に発展!?
ゴーーン
途方にくれてたら止まりました。
あ、止まった。
ピタッ
どうやらセンサー式で放っておけば止まるところを何度も触るもんだから止まらなかったもよう。

おまたせー
いやぁ大変だったよトイレ。
長いトイレでしたね。
トイレの蛇口は困ったが、イタリアといっても空港内はまだ日本人旅行客もたくさんいるし、あまり、「外国に来た!!」そういう実感はわきませんね。
ではこれから電車に乗ってホテルの最寄り駅まで移動しまーす。
ハーイ
ローマ フィウミチーノ空港駅
TRENI IN PARTENZA
イタリアの列車に乗る時は切符を刻印機(オブリテラトリーチェ)に差し込み、日時を印字してもらってから乗る。
Convalida bigliett
Ticket Stamping
カシャ
ゴトゴトーン
どうですかボンさん?初めて海外にやってきた感想は。
そうですねーまあちょっと不安なところもあったんですけど実際来てみるとそんなにとまどうこともなくてまあこんなものかなと♪まあそのズバリ…
もっとカルチャーショックとか受けるかなとか思ったんですけど。
海外楽勝～♪
ゴトーン
テルミニ駅
CAMBIARE.
いやーこのくらい賑やかなところに来るとイタリアに来た感じがしますねー♪
学生時代以来だからなつかしいな～
そうですね!やっぱり空港から駅に出てようやくその国に来たーって感じがしますからね♪

ザワ ザワ
…
ゴーーン
ア、アナザーワールド!?
なな、なんじゃコリァ～
ドキドキ
ドキドキ
よく見ると外国人だらけの状況に今頃激しく動揺する人。
雨が降っていたのでイセキくんにカサを買ってもらう。スゲーイタリア語ペラペラだよイセキくん。
…？！
…
タクシーでホテルへ。
ブオーーン
チェックイン
ボンジョルノー
どどどーもボンジョるのオ～
ポーターの人に手荷物を運んでもらいます。
各自それぞれの部屋へ別れ…
じゃあ明日♪
イタリア人と2人きり。
ジャポネーゼ？
えーとあーと
部屋に到着。イタリア国旗みたいな柄の部屋だったらどうしようと思ってたが
普通で安心した。
荷物を運び入れてもらいサヨウナラかと思いきやなにやらミョーな間が♪
な、何か用ですか？
…
…
ドーーン
さてはチップってやつ待ちか!!
ハッ!!
うわさのアレかぁ。
説明しよう!!
欧米ではサービスしてもらったらお礼にチップを渡すのがマナーなのです。感謝の気持ちはユーロで表すのです。
じゃあハイ。
いくら渡したらよいやら分からんので1ユーロ渡してみる。満足されたらしい。それはなにより。
グラーチェ♪
というわけで初海外の感動もそこそこにさすがに今日は疲れたので寝ます。明日から本格的にイタリア観光開始です。

突然ですがこの先登場することもないので発表しちゃう

これ持って来なきゃよかった!!
だって全然使わなかったもんよぉ～◊
グッズ紹介

絶対便利だと思ったのに!!
ガーン

★ インスタントおしぼり

←コチコチおしぼり。
水をかけるとふくらんでしっとりおしぼりに変身!!

理由：外国とはいえ日常生活でおしぼりが必要になることがない。

★ 水筒（からっぽ）

アルミ製で丈夫よ。

理由：カルピスを入れ忘れただけでここまで役立たずのお荷物くんになるとわ!! 特に使う機会もない上にスーツケースの中で場所とってジャマなことこの上ない◊

★ 圧縮袋（S・M・Lサイズ各3セットずつ）

どっさり。

理由：こんなにいらなかった。そんなに圧縮したいものなかったし。むしろこの圧縮袋をまとめて圧縮したかった。

★ 乾燥おにぎり・スティック味噌汁・フリーズドライごまあえ。

味噌汁
ゴマあ
おにぎり

理由：食べるのにお湯が必要なのにイタリア語で「お湯を下さい」が分からなくて頼めなかった。「ホットウォータープリーズ!!」って言ってみようかとも思ったが熱湯かけられたらイヤなのでやめた。またそんな危険を冒してまで食べたいとも思わなかった。

ちなみに

☆ 持って来なくてホントに良かったもの。

携帯洗面器

ちゃぷ～ん

理由：ホテルの洗面台はうちのより立派でした。

いのうえさんの旅アルバム

ボンさん電車がめずらしいの？
まだ日本だけど…あ、資料用かぁ。

イタリア楽しみだね〜。あ、ボクのとなりは友達の「カピバラさん」です。

出発３時間前、成田到着！ 早く来すぎちゃったね。

日本出国前に、
ナゼか中華をガッツリと。

両替って、いくら分替えるかが
悩みどころだよね。

ボンさんの絵もスゴイけど、旅の話にはやっぱり写真もちょっと欲しくない？ってことで、ここではボク、いのうえさんがセレクトした旅の写真を紹介しちゃうよ。

飛行機の中は映画始まるまでヒマだね〜。

映画も、気をつけないと寝ないでずーっと観ちゃうんだよねぇ。

イタリア到着。おっ！ さっそくスーツケース発見。

やっぱり荷物は目立つ色に限るね。すぐ見つかるから。

すみませーん。テルミニ駅までの切符くださ〜い。

いきなりホームだ。改札はないんだね。

切符ゲット。
電車に乗る前に、ホームの黄色いハコに切符を通すんだって。これが改札の代わりみたい。

来た来た〜！

ローマ着いたら、いきなり雨だ。
さすがボンさん、最強の雨男。

何メモってるの？ あ、空港のトイレ？

ふん、ふ〜ん、ふ〜ん。
まだ着かないのかな〜。

チェックインプリーズ。あ、英語で通じた。

やれやれ、やっと着いた〜。

おお〜。部屋からの眺めもなかなか。
雨に濡れた石畳も素敵だね。

2 DUE

2日目
歴史だらけの街
ローマ散策

4月11日
朝起きて…
ふわあぁ〜〜
ベランダに出ると
ガラッ
そこは
外国でした
ゴーーーン
…ボーノ
（美味しい）
ドーーン
外国でむかえる初めての朝にパニックにおちいる。
ハッ!! あれ?・ここ川崎じゃねえぞ!!
ていうかに、日本じゃねえぞここ!!
え?・あれ?・
あ!! 誰かこっち見てる!!
あわわ あわわ
ゴ〜ン
カエサル!?
お、おはようございます!!
沖縄のシーサーみたいなもの?
またはシャチホコ?
ゴーーン
そ、そうだ イタリアに来てるんだった たしか…
なんだか分からないが向かいのホテルの屋上にローマの英雄の(?)胸像が並んでいる… 魔よけですか?
インパクトすごいんですけど。
ローマはみんなこうなのですか?

ひととおり驚き慌てふためいた後、
ペラ ペラ ペーラ グラッチェラ
PAD
うおー!! めざましテレビやってねぇ!!
ヤルベさんの目が青い～!! スリムー!!
とりあえず日本から大量に持参したドライ納豆を食べて落ち着いてみる。
お、落ち着け～ おちつけ～ ここはイタリア。ここはローマ。
ボリボリ ボリボリ
おはよーございます。どうですか？初めての海外でむかえる朝は。朝食行きましょう。
はっはっは♪ いやー全然平気ですね。楽勝ですよー♪
朝食はホテルのバイキングです。
お～♪
朝食はハムにチーズにパンにフルーツと盛りだくさん。特にハムとチーズは何種類もあってビックリです。
チーズ
チーズ
チーズ
ハム
ハム
ハム
焼トマト
オリーブ
モッツァレラチーズ
スクランブルエッグ
パン
パン
ハム
ハム
チーズ
チーズ
サラミ
ソーセージ
スモークサーモン
カプチーノ
オレンジジュース すんごい赤い。
アップルジュース

おハシ ないのかな?
ないですよ。
せっかくイタリアなんですからナイフとフォークで食べましょうよ。
フーン ま・いいや・では いただきまーす
初挑戦 本場のイタリアン
まずはハムから♪
ドーーン
なんじゃこのハム!
美味い!!
くわっ
ジュー
赤過ぎやしませんか?なオレンジジュースも…
ゴキュ ゴキュ
美味い。もう一杯!!
ぷはー
うま
ガッ
うま
ガッ
ガッ
イタリアのゴハンは美味しいと聞いてましたがホントに美味しかったです。
なんだか色々と不安もありましたが少なくともイタリアンとは上手くやっていけそうです。
ゲプ
いや〜 食べた食べた 食べ過ぎた。
食事を終えていよいよローマ散策に出発です。

スペイン広場
スペイン広場はローマを代表する観光スポットです。
かの有名な映画『ローマの休日』の舞台としても知られており、映画を観ているととても盛り上がれますよ。
ココに座ってジェラート食べて～♪
ですよねー あと…
ブロロロロ…
フーン
キャ キャ
キャ キャ
観てない人
観てないと とんだ置いてけぼりをくらいます。

スペイン広場を歩いているとなにやらイタリアンらしき人がにこやかに話しかけてきました。
噂には聞いてましたがさすが陽気なイタリア人。
とてもフレンドリーな人達のようであります♪
ハロー♪ ジャパニーズ？
イエス
しかも出会った記念になんとミサンガを結んでくれるらしい!!
とても手際がいい。
キュキュ
ジャーン
サンキュ〜
10ユーロ
一人10ユーロね。
※10ユーロ＝1400円くらい。
何ィー!!
ゴーン
あ？ アメリカイはもっとくれたぞコラ。
No! No!
あわわ
海外って恐いですね…
※ユーロは2005年当時。
ローマの建物はオシャレです。
ココがオシャレ
このシャシャシャとなってる窓がオシャレ
ココがオシャレ
ココがオシャレ。
完全なるオノボリさんローマを行く。
キョロキョロ
おおー外国っぽいであるな。

ポポロ広場

オベリスクとは元々
古代エジプトの神殿の
前に立てられてた尖がった
石碑のことで、デザインが
気に入ったのか知らないが
ローマ皇帝など、時の権力者によって
「ちょ!!これうちに持って帰って
飾ろうぜ～♪」と言ったか
どうか知らないが
(テキトーか!!)
エジプトから運び
出されて世界各地に
あるらしいです。
ローマには13本あるらしい。

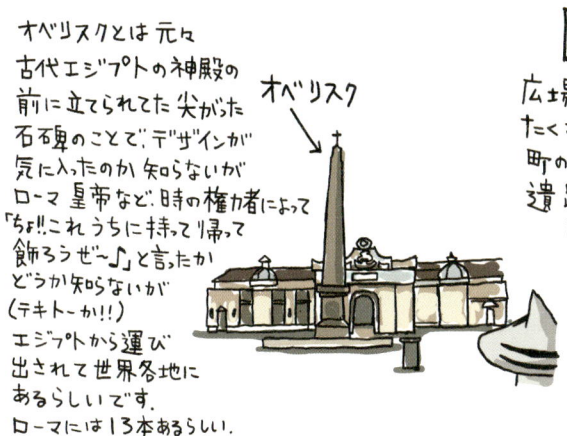

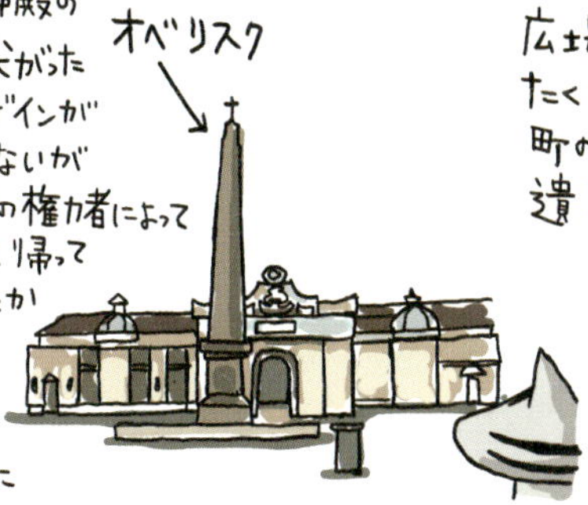

広場のまわりにはそこかしこに
たくさんの彫像が、イタリアは
町の中にこうして普通に像や
遺跡みたいなのがゴロゴロ
あってビックリしました。
そして当然入場料が
いらなくてタダなのも
非常に好ましい。

オベリスクの下には
4匹のイヌが口から
ダバダバ水を出してる
変わった噴水が!?

と思ったら
イヌじゃなかった。
よく見ると
ライオンでした。
ちなみにこのライオン達は
飲み過ぎてウェ～って
なってるのではなく、
この広場を守っているのだ
そうです。そんなへべれけで
大事な広場を守れるのか!!(違)

ポポロ広場には見た目
そっくりな教会が2つ
並んで建っています。
でも実は形は微妙に
違うらしい。

双子教会

サンタ・マリア・デル
ポポロ教会
ローマ市民（市民＝ポポロ）が
お金を出しあって建てた教会。
内部には芸術作品がてんこもり。
ココ
ココ
ココ
ココ
ココ
ココ
ココ
中に入るとそこら中、
彫刻、彫像だらけで
圧倒されます。
柱の一本一本に
いちいちスゲー
彫刻がされてる。
なんというか天国じゃない
とこに連れてかれそうな天使！
君達怖いよ。
スゲー怖いよ。
天使の羽つき怪獣
上の天使といいコイツといい
こっちの神の使い
こえーなー！
ギャース
う〜む！
考える天使

こっちの教会は日本のと比べて
なんかもうすんごいデカい!!
天井も高いし、柱も太いし
装飾も細かくて迫力があって…
個人的に神様とか信じてない
けど なにやら ここにいると
そういうものを信じる気持ちも
少し分かる気がする。そんな
迫力とオーラが満ちております。

おおー
大迫力。
スゲー
スゲー

電球
スイッチ
お金をココに入れる。

しかしながら
ローソクが電球で
スイッチ式になっているのは
神様的にもイマイチなの
ではなかろうか…

地下鉄に乗って移動します。
券売機
カシャ
BIGLIE
ゴォー
あっ来た♪
スゴイの来た
落書きだらけ♪
プシュー
ヴァチカンに到着~♪
サン・ピエトロ広場
ヴァチカン博物館やサン・ピエトロ大聖堂といった有名観光スポット満載の広場。
ズラっと行列すごい人です。
建物の上には聖人像が並んでます。光を浴びてたたずむ姿はなにやら…
丘に立ち怪人どもに名のりをあげる戦隊ヒーローのようでもあります。
なんかカッコいい
ドン!!
アカレンジャロ
ドン!!
アオレンジャロ
ドン!!
ミドレンジャロ

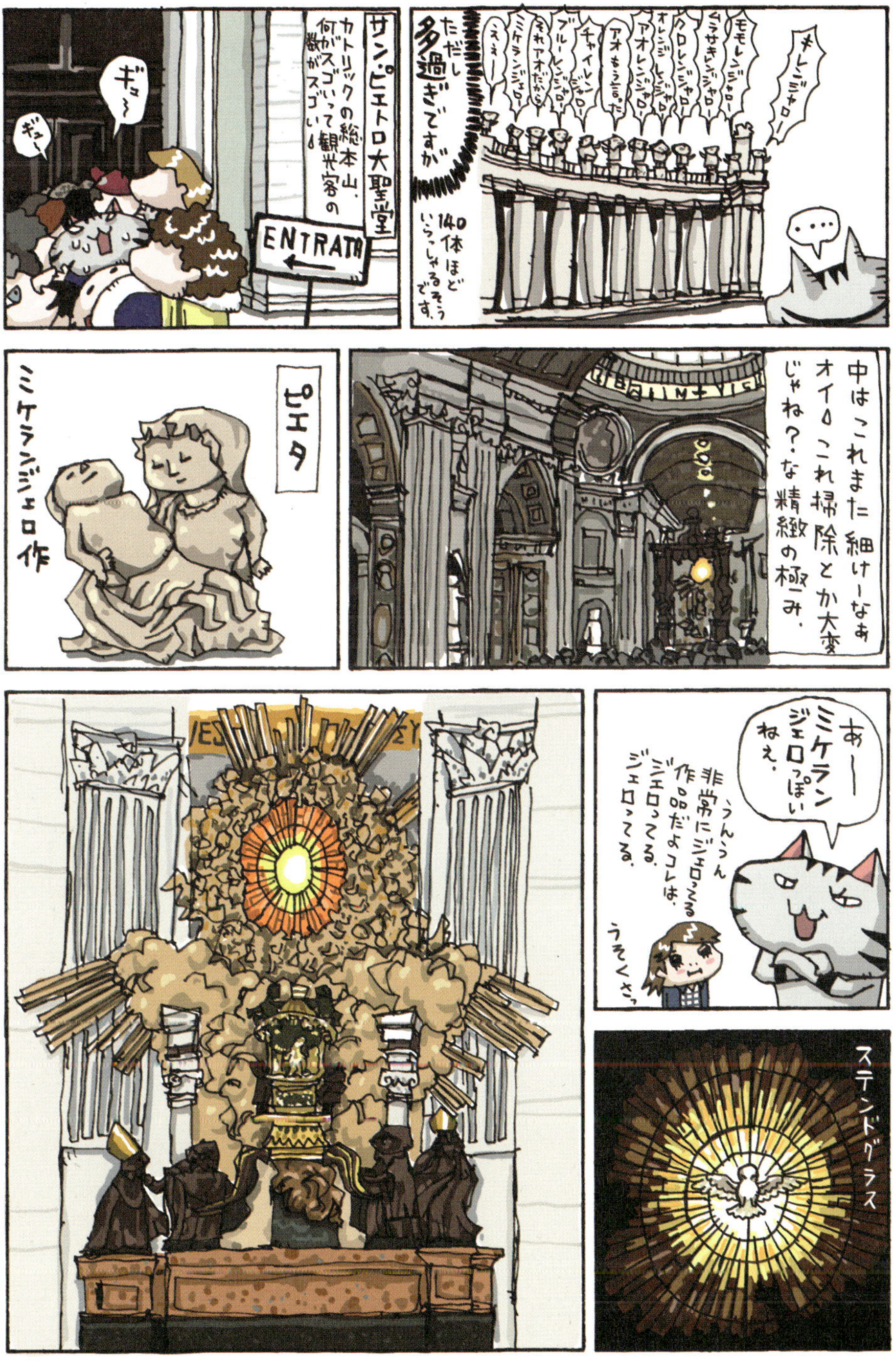

キレンジャロー!
モモレンジャロー
ムラサキレンジャロー
クロレンジャロー
オレンジレンジャロー
アオレンジャロー
アオもう言った
チャイレンジャロー
ブルーレンジャロー
それアオだから
ミケランジェロー
えぇー
ただし多過ぎですが
140体ほどいらっしゃるそうです。
・・・
サン・ピエトロ大聖堂
カトリックの総本山。何がスゴいって観光客の数がスゴい♪
ENTRATA
ギュ〜
ギュ〜
中はこれまた細けーなぁ オイ♪ これ掃除とか大変じゃね?な精緻の極ーみ。
ピエタ
ミケランジェロ作
あ〜ミケランジェロっぽいねえ。
うんうん非常にジェロってる作品だよコレは。ジェロってる。ジェロってる。
うそくさっ
ステンドグラス

お昼になったので途中 レストランに入って昼食を食べることにしました。
FORNO A LEGNA
イタリアでは水は炭酸の入ったガス入りとガス無しの2種類が一般的です。
炭酸水
砂糖は入ってない。シュワシュワするだけ。
ただの水(ガス無し)
しかしパスタの量が多くてビックリ！その上イセキくんによるとイタリアの人はこのパスタの他にも前菜に肉料理にデザートも普通に召し上がるらしい…食べ過ぎでは！
ウォッカ風味のパスタ。ていうかウォッカそのままかけてない？っていう程 酒くさい。酔っぱらえるパスタ。
カルボナーラ
ミートソース
ズルズル
ズルズル
でも美味しいね。
残さずいけちゃうね。
パンと魚貝のマリネも食べましたよ。
やっぱり食後はエスプレッソですよね～♪
イタリアでは昼食後と夕食後はエスプレッソが定番ですからね。
そうそう口の中がサッパリしますよね～♪
へぇ～
ゲップ
こってり
カプチーノ
イタリアではカプチーノは朝食に飲むもので昼食後に飲んだりはしないそうです。

食後 再び ローマ散策へ.
ゲプ
道ばたに全身金色のツタンカーメンみたいなの出現!!
ピクリともしない!
じぃーーー.
一切反応しないと思ったら…
じっ
フリフリ
フリフリ
ささっ
さっ
どうやら足元の箱に観光客がお金を入れると…
チャリーン
お礼におじぎをして
ペコリ
動いた!!
一緒に写真も撮ってくれるらしい.
お金を入れたとたん肩とか組んだりしてものスゴイ愛想よくなる.
ハハハ
大道芸なのかそばで見てるとなかなか面白い.
そしてまた動かなくなる.
ピタッ
しかしイタリアでなぜツタンカーメン???
ゴーーン

サンタンジェロ城
てっぺんに大天使ミカエル像が立ち
城のまわりには天使の像がワラワラ並ぶ天使まみれの城。
城の正面にかかるサンタンジェロ橋の上には風呂敷を広げた露店がズラリと並びにぎやかな様子を見せています。
どれどれ?
売っているのは有名ブランドバッグばかり。
明らかにニセモノですが
HERMESO
GUCCHO
VITTOM
ゴゴゴゴゴ
しかし見てると結構買ってく人がいる。
本物と信じてるというよりはニセモノとわかってて買ってるようでもあるなぁ
さては友達への土産用か!?
と、しばし観察していると…
突然一斉に片づけ始めた。
バ
ババッ
サッ
サッ
な、なに? どした?

そして
おもむろに・・・
逃げた!!
だだだだだ
キャー
キャー
キャー
キャー
ええ?
何事かと橋の入口を見ると・・・
なるほど
ワリーコハ
イネーカーワ?
エルメソとかグッチョとか売ってるヤツイネーカ?
ドン
しかし帰ってはいない。
帰った?
もう帰った?
どう?
まだいる?
そしてオマワリさんが帰って行くと・・・
ワリーコハ
カエッタノデ
ホンカンモ
カエリマス.
すぐさま戻って行き・・・
それ戻れー!!
わーい
再開だ
商売再開
風呂敷って便利だね。
それー
それー
バサァ
バサァ
ーが
ポツ
ポツ
ん?
雨が降り始めると
ザァ
ザァ
ザァー
忙しいなオイ
帰って行った。
キャー
ザァー
キャー
ダッ!!
キャー
さっさっ
バサバサ
あっ

コロッセオ
誰もが知ってる超有名建造物、古代円形競技場。ローマに来たなら外せまい。
おおーーテレビや雑誌で見るのとは違って実物はやっぱり大迫力ですねーー
でっかーい。
パシャ
さっ
パシャ
パシャ!!
チケットを購入して中へ。外観とは裏腹に中は入場ゲートやらエレベーターやら意外と近代化されてます。
← バーをぐりんと回して入る。
しかし中に入るとそこらの床には崩れた柱や壁らしきものがバラバラ落っこちている。
ゴローン
ゴローン
ひょっとしてだんだん崩れてます?崩壊現在進行形です?歩きまわって平気です?
いやあしかしここで大昔に剣闘士とかが戦ってたんですよねー
なんか感慨深いですね。
ギュ
ギュ
穴

パシャ
パシャ
ビク
ビク
モ、モンキー!
カベニモンキー
パシャ
ゴゴゴゴゴ
オーぅ
ゴーン
コロッセオより注目されとる!!
コロッセオの住人
ココおれんち、何かくれ。
石しか無いから暮らせそうにないが観光客からゴハンとかもらってるのか?
売店もあります。
お店のマスコット? すげーコワイ!
コワッ
本日の日程終了
いやぁ色々見てまわれて楽しかったで…
帰ってゴハンにしましょ♪
すたたた
ぐえっ
ぐえっ
ぐえっ
ガシャン!!
ガシャン!!
ガシャン!!
い、入口からは出られないみたいですね。あっちだ。
ハ、ハラ打った。
みぞおち入った。
ヨロ
ヨロ
ヨロ
ヨロ
明日はナポリにまいります。

いのうえさんの旅アルバム

あ、こっちの窓の眺めもいいなぁ。

う〜ん、よく寝た。なんか今日も
微妙な天気だなぁ。

朝食バイキングって、ついつい食べすぎちゃうね。

あ、写真撮るならカサ持ってようか？

双子の教会の片われと記念撮影。

ヴァチカンは普段から混んでいるけど、ボクたちが行ったころがちょうど、時のローマ法王が亡くなられた直後だったから、より一層の混み具合だったみたいだよ。

地下鉄に乗って移動。改札はまた黄色いやつだ。

大聖堂へ入る順番待ちの人たち。なんか日本の人ごみよりカラフルだね。

ヴァチカン到着！

広場の前で記念撮影。右からボンさん、ボクいのうえさん、SUZUさん。

食後はもちろん、エスプレッソだね。

ウォッカのパスタって、酔っちゃったりするのかなぁ？

お昼っ♪　メニューさっぱり読めん…と思ったら、イセキくんが全部訳してくれました。

イタリア国旗とツタンカーメンぽい人。

サンタンジェロ城どーん。

えっと、ここどこだっけ…あ、フォロ・トライアーノだ。何の知識もなしに見ると、まぁその…廃墟だよね。

ヴェネツィア広場。ここまで来れば、コロッセオはもうすぐだよ。

右の壁にあるのは、各時代のローマ帝国の繁栄っぷりがわかる地図。左奥はコロッセオね。

コロッセオどーん。言わずと知れた古代の競技場。

大昔、ここで色んなドラマがあったんだね〜。

ロマンだね〜。

ここの住み心地はいかがですか？

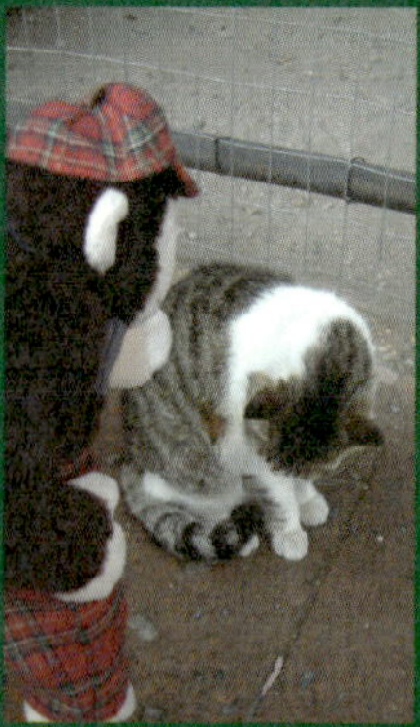

カピバラさんも、コロッセオと凱旋門と一緒に撮ってあげるよ。

どれ、ちょっとこのコロッセオを肌で感じてみようかね。

3 TRE

3日目
とにかくスリには気をつけろ！
ナポリ＆カプリ島

3日目朝
海外での寝起きにもすっかり慣れてきたということで・・・
プルルルルル
プルルルルル
寝坊した
ハッ
す、すすいません!! 今起きましたあ!!
ええ〜じゃあ朝ゴハン私だけで食べてきちゃいますよ〜?
はい! そうして下さい…
すっかり寝過ごしてしまったので朝食抜きだと思ってたのですが・・・
すいませーんおはよーございますぅ
ドタドタ
あっ やっと来た
あのーボンさん朝食抜きだとかわいそうだと思ったのでね・・・
おっかわり〜♪ おっかわり〜♪ 今日は一人でおっ…
はっちゃけた!!
キュピーン
!
さっきパンとハムでサンドイッチを作ってきてあげ…
ええ!! 本当ですか♪
ゴソゴソ
ようかと思ったけど自分で食べちゃいました。
ゴーン
シィーシィー
やっぱり抜きでした。
・・・・
図解
①
できた
②
・・・
③
ガブシ!!
④
ガブシ ガブシ ガブシ

ローマ
ナポリ
カプリ島
今日は電車でナポリへ行き、
そこからフェリーでカプリ島へ行ってみます。
イタリアの電車は遅れることもありますが逆に早く出てしまうこともあるそうです。なのでギリギリに行くのはキケンです。
遅れるのは分かるが早く出るってどーゆうことだ
binario 9
NAPOLI C.LE
8:27
席は広々♪
おお〜〜〜♪
海も見えて景色はバッチリです。
TRENITALIA

ナポリ到着
まずはカプリ島行きの高速フェリーに乗るため、港を目指します。
駅で聞いてきたところ～
えーっとどうやらここから港まで行ってくれるバスがあるそうなんですけど乗るとまず間違いなくスリにあうので歩いて行った方がいいと言われました。まぁ歩いててもスラれるらしいですけど。
有名なんですよね、スリ
行き方は聞いたので歩きましょうか♪
ゴッチャ ゴッチャ
ナポリの町はローマとはまた違って『南イタリアの陽気な庶民の町』という感じ。車やバイクがブンブン行きかう日常風景が印象的です。
そんな町並みをのんびり歩くこと30分少々…
…あれ？
どうやら道に迷いましたよ。
す、すいません。ちょっと地元の人に聞いてみますね…
少々お待ちを。
三だっ
すいませーん。道を教えて欲しいんですが…
ドーーン
あ？
#
マフィア!?
ドドーーーン
出た
ていうか…

他にもいっぱいいるのになぜその人???
?…
?…
よりによって…
分かりました～!! どうやら全然違う道を歩いてたようです。でももう大丈夫、丁寧に教えてもらいましたから♪ あとスリに気をつけろと言われました!!
へぇ～
案外親切なマフィアですね。
っぽい人
ていうかどんだけ多いんだスリ。
親切なマフィアっぽい人に道を教わり再びひたすら歩きます。でもこうやって知らない土地を迷いながら行くのも色んなものが見れて楽しいものです♪
はわわ
体力があれば。
31歳
ハアた、たのしい～
普段外出しない。
運動嫌い。
ハァ
そしてひたすら歩き続けて一時間…
着いた～♪
いい運動になりましたね。
無事着きました。
無事じゃない人。
ハァ ゼェ ハァ ゼェ ハァ ゼェ ハァ ゼェ ハァ ゼェ ハァ
見かねたイセキくんがジェラートをオゴってくれましたよ
いらっしゃい。
どれもボーノよ。
どれにしよっかなー♪
ペロ ペロ ペロ
ピスタチオ味
甘さの中にもナッツの香ばしさが効いてて美味しい!
ピクリともしないイヌが転がっていた。

味がどうとかいう余裕はないらしい。それどころじゃないらしい。
ベロ ベロ ベロ ベロ
レロレロ レロレロ レロレロ
じゃあカプリ島行きのフェリーはどれかその辺の人に聞いてきますね。
ハーイ ベロベロ ベロ…
!!
ドドーン
#
まーたマフィアセレクトか!!
っぽい人
なぜ?なぜなのイセキくん。
ほうほう
ゴーン
そしていよいよ高速フェリーに乗り、カプリ島へ向け出港〜♪
VOLAIR
絶景ですねー
ですねー
ビュー
ビュ〜
ナポリの海岸線を含めた景色は「ナポリを見て死ね」という言葉があるくらい美しく印象的です。
いやぁ〜しかし船の上から見るナポリの町なみもホントきれいですね〜♪絶景ですね♪こういうのを実際に目の前で見ちゃうと絵や写真では伝えられない生の美しさを感じちゃいますねー。
んー絵じゃ表現できないなあこのナポリの美しさは。いやー残念。
仕事拒否!?
こりゃ描くのはムリだなあー
ムリムリだなあー
そもそも旅行記がムリだなあー…

一時間後
ようやく島が見えてきました。
ところでカプリ島って何か有名な観光スポットとかあるんですか？
今ごろ聞くのも何ですが
カプリコ？
えー知らないんですか？
カプリ島といえば青の洞窟に決まってるでしょーがー♪
ブルーー‼
青の洞窟
カプリ島を訪れたら必ず行っておきたい名所。ブルーに色どられた幻想的な洞窟内を手こぎボートで巡るスーパーロマンテックな観光スポットである。
でも天候によってはボートが出せなくて行けないこともあるみたいで、島まで行ってみないと分からないんですよね。
へえー
カプリ島
やっと着いた♪
でもさぁ実際のとこ、フェリーで一時間もかけて来といて今日は天気悪いから中止ですとか言われたら最悪だよねぇ、かわいそうじゃん。
今日みたいに晴れてりゃいいけどさぁ。
今日は波が高いので中止デス‼
ザンネンムネンマタキテネ。
ゴーン
マジで？
最悪です。かわいそうです。
…で これからどうするんですか？青の洞窟が目的だったんだよね？ローマに帰る？ホテルでテレビでも観る？カプリ島来た意味もうないんでしょ？
ドヨーン
そそそんなことないですよ。カプリ島は他にも高級リゾート地としても有名ですから‼オシャレな建物や風景を見て歩くだけでもお客様の荒んだ心を癒してくれることうけあいでございますよ‼
何その営業トーク。
ということでケーブルカーに乗って丘の上にあるというリゾート地へゴーー‼

せまい路地は迷路のようで
歩いてて とても楽しい.
荷物とか運ぶのは大変そうだ.

カプリ島 丘の上からの景色.
海の青と島の緑、そして建物の白が
見事に調和していてすんごいキレイ.
まさしくリゾート!! といった感じ.

オシャレ
↓バルコニー

家がどれもカワイイ.
表札もタイルに手描きでペイントされていたりして手作り感があり. あたたかい.

ネコがとても多い.
そこら中にいる.
あまり人を恐れないが
愛想がよいという
わけでもない.

こちらが見つめていると
「なんか用か」的な目で
ニラまれる.

変わったネコが多い.

ココだけ
茶トラ柄.

カプリ島にはレモンが木にわさわさ実っている。
わさわさ
わさわさ
おお
そして売店にはしぼりたてレモネードが売られている。
飲んでみる。
チュー
すんごくスッパイらしい。
ちなみにこちらがカプリ島の特産品リモンチェッロ。レモンのお酒で、こっちはスッパさよりアルコール度の高さにコハァ～となる。
路地を抜け道なりにどんどんのぼって行くと…
頂上に到着。見渡すかぎり青い海!!
ドーーーン
青の洞窟は行けませんでしたが来てよかった。カプリ島はとても美しい島でした♪

ナポリに戻る。
再び高速フェリーに乗って1時間
ナポリに帰るともう夕方です。
ハラペコー
ペコペコー
さて そろそろ バンゴハンの 時間ですが〜
ふむ ふむ
やっぱりナポリといえばピザでしょ♪ あっ近くにマルゲリータ発祥のお店がありますよ。ここにしましょうか。
マルゲリータとは トマト・モッツァレラチーズ・バジルをのせたシンプルなピッツァのこと。定番の人気メニューです。
いいですねー 賛成ー♪
ふふふ ちょっと皆さん何か大事なもの忘れちゃいませんか？ ピザもいいですけど、ナポリといったらアレでしょ。
やれ やれ
チッチッ
あの少々ゆで過ぎ気味のスパゲティとぐちゃぐちゃ気味にからんだケチャップの濃厚なコクと香り。そしてそれを引き立てるウィンナーソーセージとピーマン、玉ネギのスライスといったシンプルで無駄のない定番の具の数々。美味さとともに懐かしさをも感じさせる、ヤツの名は：
そう!! ズバリ ナポリタン ですよお!!
ナポリといったらこれでしょ 本場でしょ おが〜♪ おが〜♪
ゴビーーン
ドーーン
ビシィ!!
ありませんよ ナポリタン
ナポリタンは元々日本で生まれたメニューなのでナポリにはいわゆる「ナポリタン」はありません。
ゴーーーン
なななぬ〜
ナポリタン目当てで来たのに……
行きの飛行機の中で描いたイメージ画を見て知っていたにもかかわらず黙っといたほうがオモシロいだろうと判断し、ナポリタンの真実を隠蔽していた人
ハラグロイ!! ハラグロイ ヒトダ!!
プッ
イタリアのイメージ
ナポリタンがイケる。発祥の地
楽しみだなぁ ナポリタン♪
あ〜

ナポリにはナポリタンなどないことをナポリで知ったバカジャポネーゼ
ナポリタンのバカぁ〜〜ん。
もうあれだ、お前はもうなんていうかその…ケチャップタンに改名しろぉ〜〜ん。うわあ〜〜〜
ザッパ〜ン
ナポリタンショックを引きずりつつも元祖マルゲリータのお店を目指して歩きます。地図によるとすぐ近くのハズでしたが…
歩きます。
歩きます。
また迷いました。
あれ?
どうやらお店の周りをグルグル30分ほどまわっていたらしい。
なんとかそれらしいお店に到着。
ここ…ここか?
Brandi
マルゲリータ発祥の店!!と書いてる気がする。
QUI 100 ANNI FA
NACQUE LA PIZZA MARGHERITA
1889 1989
BRANDI
マ.マルゲリータ王妃イチオシのお店はココであってますか?
もうハラペコです。
マルゲリータとはナポリの有名なピッツァ職人がマルゲリータ女王の為に作ってみたらマルゲリータ感激!!定番ピッツァに認定しちゃう♡となっちゃったピッツァのことである。
ソダヨ♪
ピッツァは小さ目だということなのでマルゲリータの他にもいくつか注文してみました。
大きいですか?
全然大きくないよ。このくらい。

ドーン
盛り合わせを頼んだらアンチョビの皿とカブった。フリッターはサクサク。
フリッター
アンチョビ
缶詰じゃなくて生アンチョビ。すっぱいけど美味しい。クセになります。
シーフードのピッツァ
アサリのカラがついたままです。
生ハムのピッツァ
イタリアのウマー!!な生ハムがどっさりのっている。これはウマいに決まっている。
マルゲリータ
ピッツァの定番。一見地味であるがその味ときたら…
NATIA
でかい!! 明らかにでかい!!
小っさくねーじゃん。LLじゃん。
でかっ!!
ドドーン
そして美味い。
うまっ うまっ
ハグ ハグ
マルゲリータはシンプルで派手な具はないがその分チーズとトマトソースの香りが際立ち、そして生地そのものの旨さもよく分かる。定番なのもうなずける。ボーノ!! スーパーボーノ!!
ふと隣のテーブルを見ると地元の常連さんっぽい女性がピッツァをナイフとフォークで…
実に上手いこと食べてらっしゃいました。
スゲッ
ピッツァって手づかみで食べるものだと思ってただわ。
ガシ
ガシ

そして食事をしていると
おもむろに流しのオジさん登場。
ギターのひき語りが始まった。
アントーニオノ〜♪
ハブラシ ガー〜♪
ポッキリ オレタヨ〜♪
お
しばらくムーディーな雰囲気に浸っていると…
オトトイ〜♪
オッタバカリ
ヤッタバカリ
グッタリニ〜♪
ラララ〜♪
いいね こういうのも。
後ろにいたウエイターが突然歌い出した!!
ドーン
ミガキ
スギタ〜♪
ソレハ
ミガキ
スギタ〜♪
ビク
ええっ!!
何で?
イタリア人陽気過ぎ♪
その後、明らかに注文し過ぎた料理をなんとか完食。とっても美味しかったがピッツァは一人一枚はキツかったです。でっかいんだもん。
ゲプ
ゲプ
ゲプ
ピッツァのご注文は計画的に。
そしてローマに帰ろうっと駅に行くと特急列車の終電がもう終わってた。しまった ピッツァに時間をかけ過ぎた。しかたなく普通列車に乗るもコイツが普通じゃなく遅くてホテルに戻ったのは夜中の1時過ぎだったのでした。
明日はいよいよローマ最終日であります。

いのうえさんの旅アルバム

早く着かないかな〜。

イタリアの列車はたまに定刻より早く出ちゃうらしい。おかげでふだんからギリギリなボクらはいつもドキドキだよ。

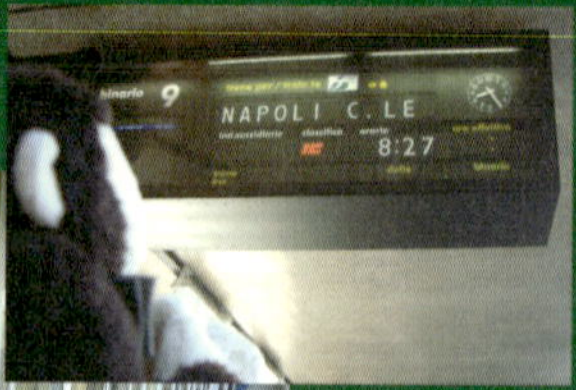

ナポリ到着！

個室の座席が並んでるのだ。個室って言ってもガラス張りでスケスケだけど。

う〜ん。これがスリ満載の街か〜。見たとこごくごく庶民的でいい感じだけどねぇ。

バスとか路面電車とかに乗ると確実にスラれるわよって地元のオバさんが言ってた。"確実に"ってある意味スゴイ。

フェリー乗り場到着。出発時間は…まだ待つなぁ。

ヌオーヴォ城だって。"新しい"って意味の名前らしいけど…相当古そう。フェリー乗り場のそばに建ってたよ。

暑いときにはやっぱジェラートだね。これはピスタチオ味ね。

ボンジョルノ〜。生きてます？

ローマにいる時から、ありとあらゆる人が「ナポリに行くならスリに気をつけろ！」って言うんだ。地元でも言われるし、一体どれくらいの割合で遭遇しちゃうんだろうね。

ダメだったので、気をとり直してチケット買って…

カプリ島到着！　青の洞窟見れるかなぁ。

ケーブルカーで島の丘の上へ。途中、レモンの木だらけだったよ。

港には小さめのボートがたくさん浮かんでました。天候がいいときは、これで青の洞窟行くのかな？

ケーブルカーで登った先は、観光客で大にぎわいの街でした。

景色もバツグン。ほぉ〜ってなりますね。

生レモンが大量にぶら下がってる。見てるだけで口がすっぱ〜ってなる。

しぼりたてレモネードでひと息。

果物屋さんにも、いかにもフレッシュなレモンが葉っぱ付きで売られてるよ。

島でとれたレモンで作るリキュール、リモンチェッロ。

休憩のついでに、お母さんに絵ハガキ出しとこっと。

島の標識はどれもなんかカワイイ。あのおじさんのヤツは一体どんな意味なんだろう…ね、イセキく～ん。

あら、カメオもいいわねぇ。1個1個みんな顔が違うのよねぇ。

唐辛子もたくさん売ってる。ボクは辛いものニガテだからいらないけど。

島のてっぺんに到着。青の洞窟はあの辺？　違うかなぁ。

ふんふん。それはそれは。ご苦労なさったんですねぇ。…この方は話が止まんないなぁ。

ごきげんいかがです？島の暮らしはどうですか？…この方、無口ですね。

ナポリに戻ってきました。マルゲリータを求めてピザ屋探し中です。

おぉ～。　本場のマルゲリータだ。意外と生地厚いのね。

帰りに急行を逃しちゃったので、行きの3倍の時間かけて帰宅。外は真っ暗でつまんないの～。

やっぱ食後はエスプレッソでしょ？　ね、ボンさん。

ボーノでございました。

4QUATTRO

4日目
ローマから
花の都
フィレンツェへ

ローマ最終日の朝
チャララーン
マーム!!
ジャーーーン♪
END
よよよ
およよよ
まさかイタリアでハッチやってるとは思わなかった。いやーいい話だった。何言ってるか全然分かんなかったけど。
というわけで朝からイタリアでジャパンアニメを観賞した後は、ローマでまだ行ってない観光スポットを巡りに行くのであるぅ!!
次の都市フィレンツェへ行く前にローマで思い残すことがないよう巡り巡るのであるぅ!!
ゴー
ゴー
と歩いていると何やらサッカーの中田好きらしいイタリア人に話しかけられる。
サッカーも中田もよく知らんが日本人好きと言われるとうれしくなる。
ハーイ。ユー ジャポネーゼ?。ユーノー、ナカタ?
イ。イエース
アイライク ナカムラ
HAHA
ナカタ
イエス
イエース
意気投合♪
ハッ
さっ
ミサンガ
ゴーーーン
ノォー!!
もうだまされんぞ!!
さっ
やっぱり海外はコワいとこです

スペイン広場
あー似顔絵描いてますよー♪
ホントだ。
いいな〜♪ボクらSUZUさんも描いてもらいましょうよ似顔絵♪男前に描いてもらいましょうよ。
えー私はいいからボンさんドーゾ。
えーボクだけじゃつまらないじゃないですか。じゃあまずボクが描いてもらいますからその後SUZUさん描いてもらって下さいよ。
うーんじゃあそうしましょうか。
よーし、約束ですよ♪プリーズニガオエ〜
OK♪
オトコマエニ〜
はいはい
20分後
ドーン
なんかエロい。
あきらかにエロい。
ガビーン
エロエロナイト参上!!
なななななんじゃコリァ〜
・・・
次の人
アラいけない。もうこんな時間だわ。
さっ次の観光スポットに行きましょうか。いやあ残念だなぁ私も描いてもらいたかったなあ。
いやホント残念♪
メラッ
何い!!
ほらーSUZUさんもエロエロナイトにしてもらいなさいよう〜。
ことわる

トレヴィの泉
ローマ最大の噴水
彫刻スゴすぎ。
そりゃ造るのに30年かかるよ!!
CLEMENS PONTIX
BENEDISVS V
こんな細かい必要があるのかバロック様式さんよぉー…。描いてて手ぇつったじゃねーかよぉー♪見る分には感動の美しさであります。
中央にいらっしゃるネプチューンさん。
そこ流れてないよ。
泉に背を向け、肩越しにコインを投げ入れるとまたローマに来られるらしい。
ピュー
とりゃー!!
前を向いて全力投球したり…
ゴッ
イデッ
ビュン
うらー!!
ネプチューンにぶつけたりしてはいけない。
なんだかこうやって投げ入れたコインは自分が帰国した後もこの泉の底でずっとキラキラ輝き続けるのだなぁと思うとうれしくなりますね♪
と思ってたが、後にドロボーがこの泉のコインを全部盗んで行ったと日本のニュースでボンヤは知ることになる。

でもホント美しい噴水なので泉のふちに座って静かに物思いにふけるのもいいですね.
人が少なければ.
ワィワィ
ガヤガヤ
ガヤ
ガヤ
ワイワイ
ワィワィ
ずっと歩いてノドがかわいたのでショッピングにチャレンジ!
水買っていい?
ハァ
ハァ
どうぞ。
実はこれが海外での初めてのお買い物.おそるおそる接近します.
ウ、ウォーター
(水を)
トゥー
(2つ)
プリーズ
(くれたまへ)
通じた!!
!
けっこう身ぶり手ぶりで通じるもよう.
おれしも忘れずに.
グラ〜ッチェ
自分で買った水は美味い!!気がする.
んぐ
んぐ

フォロ・ロマーノ

古代ローマの中心地跡。
初めは市民の集まる広場として利用され、後には政治家の演説の場として栄えた…らしいが、今では神殿や柱の一部が残っているだけ。
壁ボーロボロ、石ゴーロゴロで原形とどめてないので元の姿がイマイチ想像できないが、見たところ、「さては柱がたくさん立っていたな」という気はとてもする。

発掘されて今の姿になったそうなのでまあボロボロなのも無理はない。

フォロ・ロマーノとは「ローマ市民の広場」という意味だそうです。
ここには下水道もあったらしいよ。

柱
柱
柱
柱
柱
柱

普通に置かれてた。
ポツーン
普通にいた!!
いた!!
真実の口
これ知ってる!!
近所のゲームセンターにある占いのやつだ!!
というくらい、具体的に何なのかは知らないがとりあえず
顔だけは知られている
真実の口。まぁ顔だけしかありませんが、その超有名なオリジナルはここローマにて!!
なんだかよく知らないけど
とりあえず口に手をつっこむ
やつでしょ?コレ。で有名な
真実の口。
思ったよりでっかくてビックリ!!
ペラペラでビックリ!!
プラ〜ン
パシャ
訪れた人はもれなく口に手を入れた
ポーズで写真を撮っていた。
やはり定番のポーズであるらしい。
Q.ところでコレって何ですか?
でかいフリスビーですか?
A.違いまーす。
真実の口は元々は
マンホールのフタ
だったそうです。でかっ!!
スペイン広場同様
「ローマの休日」の
一場面として
有名ですね。
しかしこんな有名な真実の口だが
置かれてるのは教会入口の壁のスミ。
道路を柵ではさんだだけの
吹きっさらし、しかもオサワリ自由の
大サービスぶりには
驚いた。
鉄柵の向こうは
普通の道路。

たまには口じゃなくて目玉でも突いてやろうかしらと思ったが初心者なので口にしておくことにする.
なにやら話によると
ウソつきはカミつかれる!!
とのことだったのでドキドキでしたが…
うっ
うら
そお〜
わたくしボンボヤージュはプロとして与えられた〆切はいついかなる時も必ず守って…
ねっ
えい!
おりません!!
ズボ
ふぅ〜
ヤレヤレ.
ん?
正直者だったので無事でした.
チルコ マッシモ
古代ローマの円形競技場跡.ここで馬車や戦車がぐるぐる回ってレースや戦いをくりひろげていたらしい.なんとなくぐるりとトラックの跡が分かります.
おー
走ってる.
走ってる.
ちなみにローマ時代の戦車はこんなのです.キャタピラとかついてるやつじゃありません.
バババババ
ゴロゴロゴロ
え?何?チビッコマッスルマ?
ムキムキ?子どもなのに?
ハァ
ハァ
ヨロヨロ
チルコマッシモ!!
これにてローマ観光終了.

さて以上ローマの主要な観光スポットを見てまわったわけだけどみんな楽しんでくれたかな？それはなによりだね。じゃあねぇそろそろホテルに戻って荷物をまとめて次の都市フィレンツェに移動しようと思うんだけどいいかな～？よしなに～!!
あ、あれぇ？そういえばさっきからイセキくんが見あたらないぞぉ？
朝からずっといませんよ
おっとぉボンボヤくんスルドイなぁ～こりゃぁ先生一本取られたなぁ。そうです。そうなんです。実は今日は朝からずっとイセキくんがいません。でも心配しないでいいですよ。スペイン広場の階段から転げ落ちて病院に運ばれたわけじゃないからね♪
コワいこと言うな。もういいですよ小芝居いらないですよ。
コホン。えっと…というわけでね。実はイセキくんは今日はある方を迎えに駅に行ってもらってるんですね。
で、さっきホテルに着いたと連絡があったのでこれから急いでホテルに戻って合流し、フィレンツェに4人で向かうことになってるのですよ。
そこで悩むのがホテルまで歩くか、それともタクシーに乗っちゃうかなんですけどね
う～ん
歩いても30分くらいですしね～
タクシーだろ！タクシーだろ!!
タ・ク・シー！タ・ク・シー!!
タクシータクシータクシー
タクシータクシータクシー
タクシー タクシー
タクシ タクシ
体力使い切りました。
元気ハツラツ
よし！歩きましょー
♪～
待って～
しかし途中道に迷い歩くこと一時間ー
ボンさーんもうすぐホテルですよー！
全然元気です。
タタタタタ…
はひぃ～～
ゼェゼェっ
死んじゃいます。
ハァハァ
ようやくホテルに到着ずっと待ってたイセキくんともう一人新たなメンバーと合流です。
到着～
その新たなメンバーとは…
おまたせしました！
あっ来た来た。

※登場人物および出版社名は初版発行当時のものです。この後いろいろあって、本書は主婦と生活社より再発売されました。

まずはホテルへ。
ホテルはボクと同じ所にしといたから。
ドーーーン
ココ
!!!!
MEDICI
MEDICI
メディチ!!
スゲッ!!
メディチとはフィレンツェにおいて金融業で大成功した大金持ちの政治家一族。フィレンツェでメディチの名がついたものは超一流のしるしなのであります。
ゴージャス
…
…
部屋に入ってみると…
フルーツの盛りあわせがテーブルに置かれ…
ドーン
テラスからはドゥオーモなどの有名スポットを一望でき…
ドゥオーモ
庭をのぞくとプールがあった。
…
なにこの王様待遇は…
ピンポーン
とア然としてたらホテルの人が部屋にやって来た。
ボンジョルノ
コンチワ
ガチャ
でっかくて高そうなシャンパンを持って。
ゴーン
BRUT IMP
MOËT &

なにやら開けましょうか?・とおっしゃるので・・・
オープン?? 開ける?? 飲む??
NO!
注文してないよそんなの
NO~!!
ブンブン
NO!
あわてて断ったところ・・・
ゴゴゴゴゴ
そのまま置いてった。
ええー!
ナッツ
クラッカー
何この強制ルームサービス! ハッ!! もしかしてこんな高級ホテルにご宿泊の皆様はこんなのいつも当然注文しちゃうものだから頼まなくっても持ってきちゃうシステムですか。ゴールドカードでまとめてお支払われちゃうしきたりですか??
あわわ
SUZUさーん大変だぁ~!! なんか高そうなシャンパン置いてかれたぁ~!
エライことになったと隣人に助けを求めに行くと・・・
ドンドン ドン
おもっきり飲んでた。
あ、ボンさんコンニチワ
ど~したんですかあわてて
ヒック
ガチャ
ドーン
何ぃ
え
いやぁコレきっとサービスですよ。なんてったってこのホテルは・・・・
え~私すぐ開けてもらいましたよ。
五つ星高級ホテルですから~
こんなトコ泊まれませんよホント。
ささボンさんドーゾ。
社長バンザイ
ななななるほど
乾杯~
チン
ゴク
くるん
ゴク
くるん
ルネッサンス到来
パァァー
ホホホ
ハッハッハ
ご覧なさい!! SUZUさん みんなアリンコのように働いているよ。
ハッハッハ メディチバンザイ。
勘違いしてスイマセン。
そして当然すでに開けてもらって飲んでいたウレシノさんの部屋に集まり乾杯♪
ハハハ ウェルカムシャンパンなんだから開けてもらえばよかったのに。
そしてディナーも・・・・
・・・・

ドーーーーン
ステーキ
魚のグリル
ラビオリ
生ハム
チーズ
パンになんか高そうなペーストが塗ってある。
カルボナーラ
見るからに高級そうな料理に…
一人一本ずつワインサービスがつき…
グラッツェ
それはそれはゴージャスでありがとうございますなディナーなのであった。
ハグ
ハグ
メディチサイコー
そしてー
お気楽ゴクラク〜
食後それぞれの部屋に戻り、これまたゴージャスなお風呂を満喫する。
入浴を終えホテル備えつけのバスローブ!!(浴衣じゃない!!)を身につけ、ふと壁を見るとなにやらヒモがぶらさがっている。
ああ、お風呂だから換気扇かと思い…
んっ?
引いてみた。
ぐい
が、換気扇が回る気配がない。故障かと思い、何度も引いているうち、上の方にプレートがついてることに気付き、見てみたところ…
??
あれ?
ぐい
ぐい
ぐい
メディチなのに故障か。
非常ベルだった。
しかも日本語で書いてある。
ALARM
非常ベル
ぐい
ぐい
…あ
ピンポンポンー
ドンドンドンドン!!
ゴーーン
ごめんなさい。
アーユーOK?
ソーリー

いのうえさんの旅アルバム

見られてる。すんごい見られてるよ、若い女子に。すごいよボンさん。

こんなに若い女子に囲まれれば、似顔絵描きのおじさんもエロエロナイトにもしたくなるか。

エロエロナイト参上！ ん〜目がエロいね。

トレヴィの泉で、たまにはボンさんと一緒に。奥のひときわ目立ってる人がネプチューンさんね。

お約束のコイン投げ。1個投げるとまたローマに戻ってこられる。2個なら結婚できて、3個なら離婚もできちゃうそうだ。本当は右手で左肩ごしに投げるらしい。ボクは手が届かないので左手で投げちゃった。効果あるのかな。

泉の周りは人だらけ。

ローマの街はあちこち歴史的建造物だらけ。歩いたら歩いただけ遺跡が見られる気がする。トレヴィの泉なんかも街の真ん中に突然あるし、暮らしと同化してるのがスゴイ。

でっかいバナナ売ってるなぁ。買っちゃう？あのバナナ。

ワタクシはいついかなるときも
ご飯の心配を忘れません!!
よしセーフ。

なぜか今日もコロッセオの前を通りかかったので記念に。コロッセオの右手前がフォロ・ロマーノ。帝政ローマ時代の政治の中心地。

ふう。歩き疲れてひと休み。

お昼はパニーノ。オープンカフェでさわやかランチなのだ。

いよいよ、ローマとお別れ。新幹線並みの速さのユーロスターに乗って、次の目的地・フィレンツェへ。

ユーロスターの座席は広々してて、とても快適。コンセントなんかも付いてて、充実装備。

駅からタクシーでさっそくホテルへ。

おぉ〜。お部屋もなんだかゴージャスそうですねぇ。

やっぱり内装もそこはかとなくゴージャスな香りがしますな。

おおっ!!　あの紋章は…メディチ!!

…おフロ、スケスケだね。ちょっとこれはなんだか恥ずかしいなぁ。

ヒャッホー！ バナナがある!! 色んな果物が満載だ。こりゃ、天国だね。

おぉ〜。紋章付きのバスローブだよ。セレブだよ、セレブ。

スゲー！ シャンパンが来た!! ナッツとクラッカーとシャンパンが来た!! スゲー!!

お部屋の下はプールでございます。でもここから飛び込むのはちょっと危ないかな。

ふ〜。ちょっと興奮しすぎた…。

昼間っからシャンパンをガバガバ飲んで、みんなゴキゲン♪

これ何だと思う？ すっごい美味しかったよ。…何かは忘れたけど。

お水じゃなくていきなりワインでもいいですよ。

こうすごい待遇だと、ディナーも期待が高まるね。

5 CINQUE

5日目
ボローニャの
絵本ブックフェア
に行ってみた

フィレンツェ2日目
本日は趣向を変えて観光ではなくボローニャにて開催されている絵本ブックフェアへ行きます。これは世界中から絵本が集まる一大イベントですって、んもう必見ですよ奥さん!! そんな意気込みを胸に秘め、まずは電車でフィレンツェからボローニャへ。そしてバスで会場へ向かう4人なのであります。
BolognaFiere
BOLOGNA CHILDREN'S BOOK FAIR
ボローニャ絵本ブックフェア会場到着。
すごい人の数です。
会場はいくつかのブースに分かれています。
A
JBBY
おお～
B
世界各国から寄せられた絵本のコンクールも行われ、優秀作の発表、展示もされてます。
最優秀作品
ああ、これはなんともストーリーがなかなかいいねぇ、
絵はまあまあかな。
読めるんですか!? 英語
全然!!
・・・・
ババッ
バッ
コンクールのブースを出るとなにやら非常に盛り上がっているスペースを発見。行ってみると…
んっ?
ガヤ
ガヤ
フリーの売り込みボードが設置されてて、プロアマ問わず自由に自分の作品を貼りつけられる場所になっていた。
作品の売り込みなど自由に貼れる。
おー楽しそう
ですねー
もうスゴい数の作品が貼られてて空いてるトコが無い。
ビッシリ!!

しかしこれだけの絵があっても一枚一枚その人らしさが出てて全部違う。見てると楽しくなってきます。
TOMOTA
作品の横には連絡先を書いた名刺が貼られてました。世界中から出版関係の人が集まるからココは絶好のアピールの場なのであります。
サル首長げー
TOBIO
Mail
すると…
ここ目立っていいんじゃない？置いてみようよ。
?
ラジャー
ビシ
さっ
!
さっ
ガサッ
ドーーーン
ボンボヤージュ関連書籍
BONte
ちびギャラ
日本から持ってきてたのか!
ふふふどうですこの数。
重かった。ああ重かったですとも。
というわけで全世界にボンボヤージュを広めるべく我々は、無理矢理スペースを確保し、ガビョウを拝借し、ボンボヤ営業用ミニ展示場を作り始めた!!
そこ空いてます!!
ガビョウ
こっちも!
ぐっ
BONte
サッ
ペタ
とう
ちびギャラ
世界に発信!!
ボンボヤージュ展示場完成
ジャーーン
BONte
BONte
いやぁーできたできた♪これは目立ちますよ〜なんてったって本をそのまま置いて…
さっ
さっ
BONte
BONte
#
#

置いて6秒で持って行かれました。
ない!?
あれ
まぁそりゃタダで本置いといたら持ってくよね普通。逆に誰にも持ってかれないちがマズイよね。
とは言え、置いたとたんに持って行かれては宣伝にならん!! 置け〜〜!! もっと置け〜!!
ククッ
もうありったけ置きまくってしまうのだ〜
ラジャー
ビシィ
えい
さっ
あっ
やぁ
さっ
ああ
報告します!! 置いても置いてもあっちゅう間に持って行かれちゃうであります!!
大人気であります。
うぬぬぬぬぬ…
それならこれでどうだぁ!!
さっ
ババッ
ドーン!!
ガビョウ
プラーン
おお
おお
プラーン
プラーン
ふふふどうだこれなら持って行けないだろう。
お見事でありますシャチョー!!
ビシィ
よし次行こう
じぃ〜〜
しかしこうして外国の人達にも自分達の本を手にとって見てもらえてるっていうのはなにやら新鮮でそして…
おおー読んでくれとる。
感動であります。
よよよ
よよよ

出版社別ブース
全部 絵本!
MACMY
出版社
出版社
出版社
出版社
出版社
ここは各国の出版社が自社の絵本を出展している商談ブースで、本の版権を売ったり、買ったりといった交渉を行う場となっています。
各ブースにはテーブルとイスが置かれ交渉をくりひろげている。
ズラ
有名な絵本や人気キャラのブースでは交渉するための行列ができてたりします。
スゴ
んーどれどれなにか日本でウケそうな絵本ないかなあ。
イセキくんちょっとこの本気になるんだけど契約の話も含めて商談したいから通訳してもらえる?
わかりました。
ペラペラペラペラ
あっその本よかったら参考に日本に送りましょうか?って言ってます。
じゃあこの名刺のところに送ってもらって。
イッツビジネス
・・・
カッコイィ~
スゴーイ
おおー
商談のジャマをしないよう他のブースを見学。
LUPO PECO
お!
わぁ~この絵本カワイイな
欲し~
ホントだ。いいですねそれ。

これも送ってもらえる？
すぐ送ってくれるそうです。
ペラペラペラペラ
……
……
キラーーン
イセキく～ん ちょっといい？
ハイ？
ちょっといいかね～
この本ちょっと気になるから参考にするために送って欲しいんだけどって言ってくれる？
わかりました。聞いてみます。
さっ
ペラペラペラペラペラペラ……
チラッ
わくわく
本屋で買え!!
って言ってます。
ゴーーン
キッ
あれ？
ん？
何？どうしたの？その本が欲しいの？
フーーン
イセキくんこの本ちょっと気になるんだけど。
ペラ……
すぐに送ってくれるそうです。
ペラペラ
うん
あれれ？
ゴゴゴゴゴ
オ～…ボーイ…ガール……クスクス……
プッ
なんか失敬なこと言ってる気がする！
!!
詳しくは分からんが明らかに『こんな子どもが出版社の人間とはまさか思わなくて。ほらだって見るからに。プッ！クスクス』的なことを言っている。言葉は分からんが態度で分かるぞコンニャロメ!!まあ確かに商談には応じられないけどね。本がタダで欲しかっただけだけどね!!
これでも日本じゃオッサン扱いだぞ
ウキー
ウキー

BolognaFiere
BOLOGNA CHILDREN'S BOOK
そんなこんなで絵本ブックフェアを満喫した一行。世界中の絵本がたくさん見れて楽しかったです。
いやーよかった。
いや〜♪ お疲れお疲れ。じゃあフィレンツェに戻る前にボローニャでディナー食べて行こうか!
イセキくん この辺で美味しいお店ないか聞いてきてよ。
はーい
駅周辺で美味しいレストランを聞き、タクシーで移動。
楽ちーん♪
雰囲気のあるオシャレなレストラン。
dal biassan
ristorante
やっぱりボローニャといえば有名なボロネーゼですかねえ。
ふふふ
ジュル
メニュー
ボロネーゼ
イタリアで一番食べ物が美味しいと評判のボローニャ。そのボローニャを代表する料理、それがボロネーゼである。いわゆるミートソース。
でも全員ボロネーゼじゃつまんないから他のも注文してみたらいいじゃん。て分ければいいし。
ですね〜
【オーダー完了】
ボロネーゼ
トマトソースのニョッキ
香草のパスタ
ボロネーゼ到着
お〜♪
お〜♪
ニョッキ到着
おー♪
ポリ ポリ ポリ ポリ
グリッシーニ 食前に出されるクラッカーみたいなパン。
おお〜 どっちも美味しそうですね〜 ボクのパスタも楽しみだなあ。
早くこないかなあー♪

真打登場、
あっ!来た来た。
モワーン
ペラペラペラ～(香草のパスタです)
ドン
ゴーン
くっさ!!
なんというかこの非常に独特かつ強烈な香りは…
ヤバい!!
ボロネーゼにしときゃ良かった。
香草
モワッ
モワッ
モワッ
さっ、ボンさん ボロネーゼもドーゾ。ほらほらたくさんとっていいですよ。
…
…ありがとうございます。じゃあちょっとだけいただきます。まずはこの水ギョウザを食べないといけませんからね。
しかしスゴイニオイだなぁ
モワ
モワ
水ギョウザじゃありませんよ。
ボロネーゼ堪能中
ズルズバ
ズルズバ
いやぁ～これはオイシイなぁ。肉の旨みとワインの風味がベストマッチ。
さすがボローニャを代表する名物料理ですね。
いやいやこのニョッキもモチモチ感がいいですよ。やっぱりイタリアは料理が美味しくていいなあ
井
モワー
モワー
モワー
…
…
…
デザートのデカプリンも美味しかったです。
うま～
↑でっかい!
モワ
食後
フィレンツェのホテルへ帰る為、ホームで電車待ちになったのですが…

皆さんに悲しいお知らせでーす。次の電車まで一時間も待つみたいでーす。
まいった、まいった。
一時間!?そんな待つの?
ハイ
トイレ行ってこよ。
長いなぁー一時間も何やって時間つぶすかなぁ・・・
うーん
ん?ボンさんそのリュックから出てる茶色の何?
はぁーしかしさっきの水ギョウザは・・・
え?あぁこれですか?これはですねぇ・・・
よいしょ
ゴソゴソ
カピバラさんです。
ヌイグルミです。
モス
モス
ドーン
おおー何コレ!!カワイイじゃん。
旅のおともにSUZUさんが借りてきたんです。
BONte仲間
いやぁー時間余ってしょうがないからいのうえさんの写真撮るかなー
激写するかなぁ
何やってんの!?
こんな駅のホームで。
パシャ!
パシャ
ゴーン
↑カピバラさん撮影会
怪しい
私が言うのもアレだが・・・
パシャ!
・・・で電車まだ来ないの?遅くね?
遅れてるみたいですね。
明日はフィレンツェの街を歩き回ります。
BOLOGNA
でー
まだかよー
おかしいなー
おそいなー
ねむいなー

いのうえさんの旅アルバム

ウッキー！　朝食バイキングもゴージャス！ 生ハムもほらこんなに！

いやぁ、毎朝ついつい食べ過ぎちゃうねぇ。少し太ったかな？

ボローニャ駅、かなり賑わってますね。

今日はフィレンツェから1時間程電車に乗って、ボローニャへ向かいます。

楽しみだね。えって、あれ？ 何でみんな笑ってるの？ ボクなんか変？

ブックフェア会場到着。うーん、ワクワクしますねぇ。

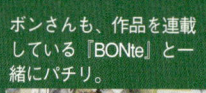

ボンさんも、作品を連載している『BONte』と一緒にパチリ。

フリーの売り込みボード。すんごい活気に溢れてます。

お昼は会場内のビッフェで、ラザニアとサラダ。

世界中から児童書関連の会社が集まってきています。日本の会社のブースもあったよ。

ボローニャは本当に美食の街って言われてて、イタリアの人が住みたい街1位だったりするらしいよ。あ、ちなみにボンさんの食べた香草パスタもボクには美味しかったよ。

レストランを探し求めてフラフラしてたら、
おもしろい場所見つけたよ。

いい感じのレストラン発見！！
看板もかわいいし、ここに決定！

やっぱボローニャって言ったらア
レ頼むしかないよね。

うひょひょひょひょひょ。生
ハムてんこ盛り♪

今日はたくさん歩いたから、
ビールもグッとくるね。

ムフッ。そう、やっぱりこれよね、
ボロネーゼ。

みんなで交換し合って、
色んな味を楽しむのです。

えっと帰りの電車は…
かなり待つんだねぇ。

アリヴェデルチ、ボローニャ！ あ、“さよなら！”って意味ね。

やったあ。ボクも入れてもらえた！
…って、これいつものＳＵＺＵさん
のカメラじゃん。

よしよし…
って。なん
か、カピバ
ラさんばっ
かり、かわ
いがられて
ません？

カピバラさんはいつも
無口だね。え？　いや
「キュルッ」って…。

ちょっと
ぉ、ボク
も撮って
よ。カピ
バラさん
ばっかズ
ルいよ。

やれやれ～。今日も疲れ
たねぇ。おやすみ～。

あ、いけない。仕事の
メール見とかなきゃ。

ホテルでゆっくりテレビ
電話。誰とかはヒミツ。

6 SEI

6日目
フィレンツェ
ぶらり散歩

フィレンツェ3日目の朝
メディチな朝食。
ホホホ
ハッハッハッ
ココでウレシノさん帰国。社長はとっても忙しいのであります。
じゃあ後はヨロシク〜♪ホテルの料金とかは払っといたから。
ボクは駅までお送りしてきますね。
おたっしゃで〜
ブンブンブンブン
スポンサー帰国の為貴族期間終了。
ボワン
さて、じゃあ今日はフィレンツェを歩いて散策しましょうか・タクシー使わず歩きまわりましょうか・
散歩ならタダだし
没落するのはやかったなぁ。
ドゥオーモ周辺を歩いてみることにしました。
Museo
すると
ドーーン
街中にメリーゴーランド!!
なんで!?

①止まっている時を見計らってこっそりとかけ寄ります。
キョロ キョロ
ささささ
②係員の目を盗み、すばやくいのうえさんを騎乗させます。
ささっ
バッ
ダッ
③激写します。
パシャ パシャ
パシャ
④見つかって怒られると困るので撮影後はすみやかに逃げましょう。
ずらかれ!!
ダダダダ
一見何の変哲もないオベリスクと思わせて…
カメが支えている!!
重い～
重い～
重い～
ええ
サンタ・マリア ノヴェッラ教会
モス
モス

イノシシの像発見!!
ちょっとだけよ~
なぜか女の子座り。
口からヨダレ…じゃなくて水がポタポタ。
なにやら人が集まってたので行ってみると…
足元にも細かい彫刻がビッシリ。
カエルもいるよ。
さすさす
鼻をナデると幸せになれるらしい。
カエルをヘビが追っかけてヘビをカメが追っかける図。
マテ~
マテ~
ピカリーン
みんなでナデるので鼻だけピカピカ。
パシャ!!
記念写真は鼻をナデながらのポーズが定番。
パシャ
…

道ばたで手品の人形?を売るパフォーマンスをしてる人発見。
あーあれ不思議なんですよね-日本でもたまに見るけど、糸でつってないのに人形が
ペラペラの人形
くね くね
くねくねおどるんですよ~!! どんな仕掛けなんですかね あれ。
近くで見てみる
どれどれ 一体どんなタネが隠されてるのかな♪
おっ 肩なんか組んでる。
ゴーーン
日本のチョー有名キャラ
アメリカのチョー有名キャラ
くね くねっ
見なかったことにしよう
タネよりネタがヤバい。
くる
路上はやりたい放題です。
ある意味夢のコラボですけどね。
ワーワー
市場やスーパーには色んな食材が豪快に売られています。
イタリアのトマトは形がボッコボコだ。
でもそこが美味しそう。
・・・・カボチャ?
アーティチョーク
200
ズッキーニ イタリア定番野菜 ピッツァやパスタによく入っている。
フルーツショップ 形は不ぞろいだが美味しそうな色だ。

中央市場
肉屋の天井には生ハムがものスゴイつられてる。
ブラーン
ブラーン
スゲ!!
ハムもスゲ
生ハムスゲ
ホンモノ
…
ドライフルーツ
バナナ
サクランボ
ライム
マンゴー
くっちゃ くっちゃ
パイン
さすが
チーズはスゴイ種類!
ゴルゴンゾーラ
モッツァレラ
パルミジャーノ
スゲ!!
チーズスゲ
パスタ
PICI
PICI TOSCANI
オリーブオイル
4.00
ドライトマト
15.00
ポルチーニダケ
乾物も多い。
特にドライトマトとポルチーニダケは有名らしい…
↑どちらもパスタなどに使用。

ウフィッツィ美術館前
イタリア美術を代表するチョー有名作品の数々が鑑賞できる美術館。
レオナルド・ダ・ヴィンチやラファエロ、ミケランジェロにボッティチェリなどイタリアルネッサンス期の名画がそろっている。
フィレンツェへ来たなら
必ず行っておくべき
美術スポット。
こういうのとか。
…を華麗にスルー。
ズラズラズラーー。
だってスゴい行列なんだもん。
ねえ。
したら美術館の前でスゴイの発見した。
はうわ!!
彫像になりきってる人発見!!
すご～
おお～
衣の質感や色がまさに本物とそっくり!!
手もちゃんと彫像色で芸が細かい。
じっとしてると本当に彫像と見分けがつかないのではと思えるこだわりのパフォーマンス!!
足元の箱にお金を入れると優雅なしぐさでかがみこんで肩を組んで写真を撮らせてくれます。
もうなんというかスバラシイ!
ブラボー!!
もう全然違う!!
・・・・
スゲー
あいつとは!!
ドーーン
ハハハ
シャランントル?
ヴェッキオ橋
フィレンツェ最古の橋。
ゴツい! 橋の両側に建物がびっしりくっついててゴテゴテしてる。
有名観光スポットらしい。
橋の上にはズラリとお店が並び、すごい数の人がいます。
橋の上とは思えないボリュームです。
人だらけですね。

お店のほとんどが高級宝飾店となっております。
ゴージャス
説明しよう
元々この橋には肉屋さんが並んでたのですが臭いがスゴく、ご近所の宮殿にお住まいだったフェルディナンド1世から苦情がきて宮殿のご近所としてふさわしい宝石店に変えられたのです。ムチャするなぁフェルディナンド～…
もちろん見るだけの2人でございます。
じぃーー
じぃーー
たくさん歩いたので
あぁのぉ
ノドかわいたんで水買ってきていいですか?
そこのお店で。
どうぞ
水だけは一人で買えるようになった。
Negozio acqua
スタタタ…
グラーチェ
おまたせー
買えましたよ～
でかっ!!
ゴーン
なんでそんなでっかいの買ったんですか
小さいのでいいでしょ。
ぶぶぶ大きいほうがお得なんですよ。
分かってないなぁ。SUZUさんも買っとかないと後で「しまったぁ買っておけばよかったぁ」って思いますよ。
…15分後
ハァ
ハァ
ハァ
ちゃぷんちゃぷん
しまったぁ
買わなきゃよかったぁ…
スゲー重い。
水ってスゲー重い。
ちょ、ちょっと休みませんか?
えーもうですかぁ
ちゃぷんちゃぷん
天国の門
金ピカ～
ドゥオーモの階段に座って休けい。
ゴキュ
ゴキュ
ゴキュ
…
↑飲んで少しでも軽くしようとしている。
ウレシノさんを見送りに行っていたイセキくんとココで合流。
ドーモ!
色々見て回れましたかぁ?

ボンさん そのでっかい水どうしたんですか?重いでしょ?
…
?
お昼になったので近くでランチにすることに。
PIZZERIA
FRANCO
サンタ・トリニタ橋
ヴェッキオ橋のそばに平行してかかっている橋。眺めがよく、散歩したり、橋のらんかんに座って休んでいる人もいる。よし、ピッツァでも買ってきてここで食べよう♪
近くのお店でピッツァをテイクアウト・何数類あるのコレ!! さすがイタリア・ボーノボーノ。
注文すると一切れずつ生のピッツァから焼いてくれるのでテイクアウトでも本格派のアツアツです。
ホカホカ
マルゲリータ
生ハムとキノコのピッツァ
いただきまーす。
橋のらんかん
ヴェッキオ橋を正面に見ながらランチってすごくゼイタクですよねー。
ヴェッキオ橋
いやあー風が気持ちいいですねー♪ 外で食べるのもいいものですねー。
ですねー♪ レストランの食事とはまた違った楽しさがありますね。特に橋の上からの眺めがスバラシイ。
座ったらどうですか。
結構です。
そんなとこ座ってたら危ないですよ。落っこちるよ。
高所恐怖症

散策再開。
ぐびっ
ぐびっ
美術館のそばや広場などには似顔絵描きの人がたくさんいる。
あ〜〜!!
思い出した!!
??
SUZUさん似顔絵描いてもらいなさいよう まだ描いてもらってないでしょ!!
あー 思い出しちゃいましたかぁ。やだなぁ
ビシッ
?
キョロ
キョロ
よし!! あの人に描いてもらいましょう。決定。
はぁ
ボー
似顔絵描きのアルベルトさん。
OK♪
じゃあさ、いのうえさんも一緒に描いてもらえるか聞いてくれる?。
分かりました。たぶんOKですよ。
ニヤリ
できあがりが楽しみですね〜 ところで似顔絵描いてもらうの前から決めてたんですか?。
?、
まぁね
なんか約束してたっぽいから。
…というわけで順番に描いてもらうって約束しときながら彼女は逃げたわけ。ボクのエロエロナイトな出来の似顔絵に恐れをなしてね。
いやーあれはヒドイ似顔絵だった。
ブツブツ
ハァ
まあボクが逆の立場でもまちがいなく逃げるけどね。
ふふふ しかしこのボンボヤージュが見た
ところこのアルベルトもズバリ上手くないと見た。ふふふ締め切りは守らないがボクもプロの絵描きですからね。一目見ただけで分かりましたよ。
黄緑色のトレーナー着たヤツにセンスのいい絵は描けないってね!!
ふふふ 間違いない。
ワルそー

完成
めちゃめちゃ上手かった。
あれぇ!?
ペラペラペーラペラ
貴方があまりに美しいのでいつも以上に上手に描けましたと言ってます。
あらまぁ♪
…ふーん。
ふふふ
イタリアといえばワインですって。キャンティですって。というわけでイセキくんのオススメでワイン専門店に入ってみる。
Chianti
ワインさっぱり分からん人。
うわーー
すごい数です!
年代ごとに並んでる。
うーんたくさんあり過ぎてどれを買ったらいいか悩むなあ。
ムム
そうですねーたとえばコレはキャンティなんですけどトスカーナ地方のものであとこっちのブルネッロディモンタルチーノや
あっちのモレッリーノディスカ…
ああ!!これは○○年に一大センセーションを起こした○○では…
イセキくんはかなりのワイン通であるらしい。
スゴイ
…
購入
赤と白買いました♪
ボンさん何か買っていかないんですか?
あボクはコレがあるんで。これ以上重いものはちょっと…
こうしてフィレンツェ散策も無事終わり明日はいよいよヴェネツィアへ出発です フィレンツェ最後の夜は川辺のレストランでステーキにしました♪
もっちゃ くっちゃ
くっちゃ もっちゃ
もっちゃ くっちゃ もっちゃ
もっちゃ くっちゃ もっちゃ
もっちゃ くっちゃ
くっちゃ
くっちゃ
固ってぇ
フィレンツェ最後の晩さん失敗
のみこめん。
モグモグ

いのうえさんの旅アルバム

もちろん乗ってみる。

広場でメリーゴーランド発見！！

サンタ・マリア・ノヴェッラ教会前
で、はいチーズ。

市場スゲー。ここ、何でも
売ってそうだなぁ。

ど、どうも。お邪魔します。

お肉スゲー。

チーズスゲー。

ポルチーニ茸スゲー。

トマトもアーティチョークも全部スゲー。

フィレンツェは街歩いて
る人100%観光客なんじ
ゃない？ってくらい、観
光の街な感じでした。治
安もいいし買い物もしや
すいし、もちろん見どこ
ろ満載で、オススメです。

ヴェッキオ橋の上。昼間は大にぎわい。

でも夕方にはご覧の通り。木のシャッター？も味がありますね。

ほほぉ。あなたの鼻を撫でるとまたフィレンツェに来られるんですか。え？頭の上から足下の穴にコイン入れられたら？…どっち？

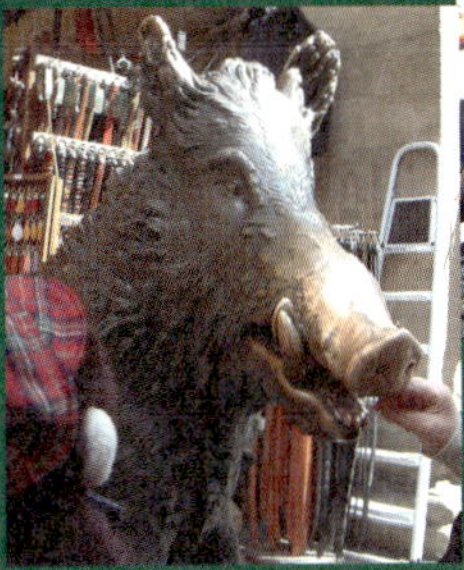

口にコイン入れて水で流れなければお金持ちになるってのもあるの？…たくさん伝説お持ちなんですね。

橋の上でボンさんと記念撮影。ちょちょっと、変なポーズさせないでよ。

ヴェッキオ宮殿は、どこから見ても目立ちますね。

シニョーリア広場のダヴィデ像。ミケランジェロ作の本物の方は、今はアカデミア美術館にあるそうです。

あの石像、本物？

ピッティ宮殿。ここからウフィッツィ美術館までは、メディチ家の人専用通路「ヴァザーリの回廊」でつながってるんだって。

ボクたちはスルーした、ウフィッツィ美術館。似顔絵描きや、大道芸の人で賑わってます。

と思わせておいて、とても優雅に動く人間さんでした。ビックリ。

ピノキオの原作者はフィレンツェ出身だったそうで、街のあちこちにピノキオさんがズラリ。ボクとボンさんも交ざってみたよ。

お昼はピザのテイクアウト。生ピザがズラリで、よりどりみどりです。

SUZUさんと一緒にボクも似顔絵を描いてもらったよ。眠かったぁ。

橋の上でピザもオツですなぁ。

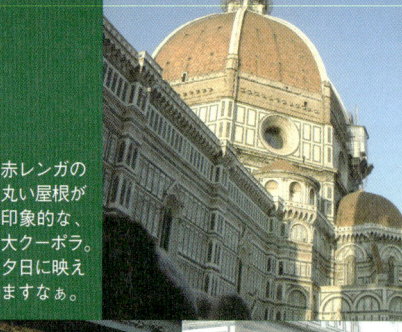

赤レンガの丸い屋根が印象的な、大クーポラ。夕日に映えますなぁ。

フィレンツェの象徴「ドゥオーモ」。右の長い塔が、ジョットの鐘楼だね。

なるほど。「天国の門」でしたか。

ドゥオーモ周辺は人だらけ。あそこは何かなぁ？

7 SETTE

7日目
さよならフィレンツェ
こんちはヴェネツィア

7日目
フィレンツェ最後の朝
ガバ
五つ星高級ホテルともこれでお別れです。残念。
シャッコ
シャッコ
せっかくなので最後にゴージャスな感じでバナナを食べてみる。
そして荷作り…
未開封ウェルカムシャンパン結局自分の部屋の分は開けそこねた…
・・・
持ってくか。
ヴェネツィアのホテルで飲もう。
おはよーございます。
えっと実はヴェネツィア行の電車がお昼にならないとないんですよ。なので午前中やることないんですけど、どこか観光し残したとこあります?
フィレンツェ最後ですから行きたいとこあったら。
じゃあせっかくだからドゥオーモの中を見学してみますか。見晴台とかもあって登れるみたいだし。
時間つぶすにはちょうどいいんじゃないですかね。
場所も近いし。
説明しよう!! ドゥオーモとは建物の名称ではなく、大聖堂、つまり教会のことを指します。でっかい教会です。イタリア各地にいくつかあり、これから行くドゥオーモは正式には「サンタ・マリア・デル・フィオーレ大聖堂」といいます。
というわけで荷物をフロントに預けドゥオーモへ向け出発です。

ドゥオーモ
(サンタ・マリア・デル・フィオーレ大聖堂)
フィレンツェの街のシンボル.
でかい!
とにかくでかい!!
丸い!
屋根が丸い!!
なんだかんだで完成までに
600年以上かかっているらしい.
でかっ!!

内部は天井にびっしりフレスコ画が描かれていて大迫力.
ココ歩ける.

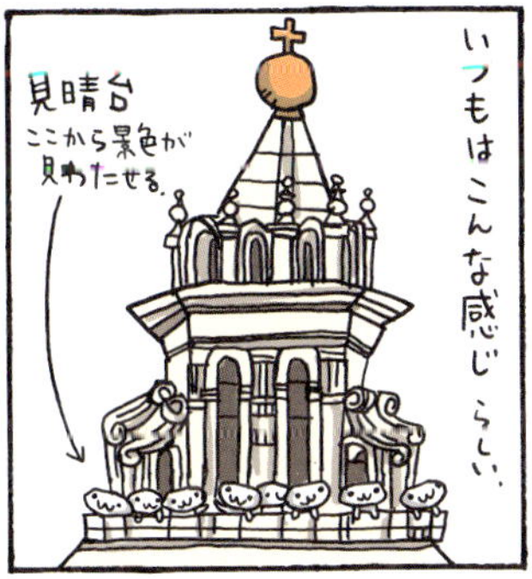
いつもはこんな感じらしい.
見晴台
ここから景色が見わたせる.

てっぺんが見晴台になっているのだが改装中?なのか鉄骨で囲まれていた.

Ingresso Cupola
Entrance to the Dome
改装中?のてっぺんにも行けるようなので頂上まで登ってみることにする。
建物の中に入り、ものすご薄暗い受け付けで料金を払い…
ボォー
ものすご怪しくなにやら威圧的なオーラを放つ階段へ案内される。
ゴゴゴゴゴ
…
ダンジョン!?
怖っ
ドルローガ?
ミッションスタート
ピロリロリロリー♪
いざ頂上へ!!
あわわ
頂上まで続く階段はぐるぐるとらせん状にのびており、これをひたすら歩いて登るのだが、この通路がもうなんというか…
すんごいせまい!!
せまっ
せまっ
せまっ
しかも登るのも降りるのもこれ一本なので降りてきた観光客に出会おうものなら…
ハッ
Fight!!
デデデレデデーーン!!!
ボンジョールノ
観光客が降りて来た!
たたかう
にげる
すれちがう
ボーノ
すれちがうこともままならない。
ギュウギュウ
オオゥ!
ソーリー
窓もたまーに小っさい穴みたいなのが開いてるだけなので息がつまる。
圧迫感満点。
ゼェー
ゼェー
ゼェー

しかも階段は急な上にくるくるくるくる回ってるので疲れる上に気分も悪くなってくる
よってすぐにこうなる
ボン HP 4 MP 6
ハァ
ハァ
ハァ〜
ハァ
ゼェ
ゼェ
それでもひたすら登り続けて20分後…
ガッ
ようやく到着。
わーい
パーティー全滅寸前
ゴキュ
ゴキュ
もうヤダヨロイ.
まま、まさかこんなにキツイとは…
しかし頑張ったかいはあった。
おお——
お——
すんごい絶景!!!
ドーーーン
キレー
しかし登ってくるのに予想外に時間がかかってしまったため…
はい!降りま〜す。
早っ
ええ!?もう?
降りる降りる降りる降りる…
ひぃ〜
降りる降りる…
たまに広い場所もあるよ。
でさ〜
え〜マヂで〜

ダンジョンクリア!!
Ingresso Cupola
Entrance to Dom
わーい
あ
ピタッ
まずい!ヴェネツィア行きの電車がなんとあと40分で出発してしまいます。
まだホテルに荷物置いたままなのに。
ゴーン
なぬ~
余った時間をつぶすつもりがつぶしてはいけない時間までつぶしてしまいもう大変。またギリギリだ。大慌てだこの旅こんなのばっかりだ。それでも行きますヴェネツィアへ。駅を目指してレッツゴー!!
フィレンツェ駅
いそいでー
なんとかギリギリ到着。イセキくんに電車を調べてもらうと…
たたたた…
間に合いましたかね?
ふぅ
いやーどうやらヴェネツィア行の電車は遅れててまだ来ないそうです。
よかったよかった。
そうなんだ♪それはラッキーでしたね。じゃ売店でピッツァでも買ってきて、ホームか電車の中でも食べますか!
外で食べる時間はさすがにないし…
あーいいですね。そうしましょう♪
じゃ私、その前にトイレ行ってきまーす♪
さっ
じゃボク切符買ってきまーす♪
さっ
え?
ポツーーン

ええ!?
ちょっ!! 一人で荷物守れと?
イタリア7日目にしていまだ一人にされるとパニックになる人.
ガバッ
じぃー
じっ
じっ
ハッ
ハッ
怪しい!!
みんなスーツケースを狙ってるように見える!!
ゴーーン
考え過ぎです.
ん?
怪しい.
むぅ~あの人も怪しい!
あわわ
あちも
こっちも怪しいっ
コンニャロ~
ババ
ババッ
ゴーン
後ろガラアキだし.
盗まれるよ?
駅内の売店でピッツァ購入.
うーむ
コレもいい.
アレもいい.
テイクアウト!!
Pizza
ホカホカよ
ホームで食べる.
こうやって立ったままホームで食べるのも旅っぽくていいね.
あわてなくていいし.
たたた.
やばい!!
のんびりしすぎた.
電車出ます!
急いでー!!
走ってぇ!!
えー!?
いやぁあわてた.
結局ものスゴギリギリでした.
正直ここまで毎回ギリギリだとこの中にギリギリの神様に魅入られてるヤツがいるとしか思えん.
ん?ギリギリの神…心当たりがなくもない.
ゴー
FIRENZE S
セ.セーフ
アブナかったぁー
そんなこんなでさよならフィレンツェ.
そして電車で3時間…
ミラノ
ヴェネツィア
フィレンツェ
ローマ
ナポリ
カプリ島
水の都
ヴェネツィア到着!
FS
そして駅から一歩外に出るとそこは…
!!
おお

水の都
ヴェネツィア
ドーーン!!
タプ〜ン
水没しとる
ゴーーン
初めて見ると水の中に家が建っててビックリしますが、ヴェネツィアは水の都と呼ばれるように、街中を水路が迷路のように走る運河の街なのです。
どこもかしこも水まみれなのです。
パシャ
じゃあまずはホテルまで水上タクシーで行きまーす。
水だらけの都市ヴェネツィアでは車はほとんどなく、移動手段は水上バスと水上タクシーです。
バシャバシャ
TAXI
スキー板的なもの。
水上タクシー（想像図）
…カッコイイ♪
こんなのか？
ドーン
モーターボートでした。
そりゃそうだ。
TAXI
これはこれでカッコいい♪
ビュオオオ〜
た〜のし〜い♪
ババババババ

ヴェネツィアの建物は水路に面して出入口がある。
出入口
出入口
出入口
見た目かなりシュールである。船から出入りするんだろうけど…
と思ってたらホテルの玄関も船着場になってた!! スゴイねヴェネツィア。玄関あけたらすぐドボンだよ。
この床屋のシンボルみたいな柱もそこら中にささってる。船着場の目印か?
さっそくチェックインすべくフロントへ向かう。
ん?
途中で変な置物発見。
水を飲んでいるライオン…らしき置物。
ゴィーーン
ライオン?
噴水
表情が切ない。
うめーうめー水うめー
ヴェネツィアの水うめ〜
プロプロ
プロプロ
すごいシュール。ちょっと欲しくなった。
こ これは!?
ピカッ
いい被写体♪
パシャ
街の景色やホテルの入り口にびっくりした分部屋は普通だ(水流れてもイヤだが…)とりあえず…
①備えつけの冷蔵庫を開ける。
ガチャ
②中身を出す。
カチャカチャ
ゴソゴソ

ドーーン
BRUT IMP
MOËT &
③マイシャンパンを入れる。
ヨソのホテルでもらったシャンパンを別のホテルの冷蔵庫で冷して飲もうとたくらむボンなのであった。
ふふふ
街へは船着場とは別の玄関から歩いて出かけられます。
いざヴェネツィア散策へ。
ゴー
サン・マルコ広場
ヴェネツィア1の観光名所。
広々とした敷地に数々の美しい建築物が並ぶ。
サン・マルコ寺院
鐘楼
かのナポレオンもこの広場を見て、
ここ世界一美しい広場じゃね？
と言ったとか言ってないとか…
その口コミ効果なのか広場にいる人の数がスゲーー!!
そしてハトもスゲーー!!
ポッポ
ポッポ
もはや人なのかハトなのか分からなくなってる人(?)もいる。
バッサ バッサ
Oh
上野公園？
そして寒い。
ビューー
とりあえず風をさけるため近くの塔に入ることに。
ひとまずあそこに入りましょう!!
さむいー
鐘楼
すごく高い。上に登ると広場が一望できる。
高さ96.8m
なにやら金色の人がいる。
頂上まではエレベーターであっという間です。フィレンツェのドゥオーモと違ってあっという間です!
らくちーーん
ウィィィーーーン

しかもこちらもやっぱり絶景!!
おおー
おおー
そして寒い
ビュ〜〜
吹きっさらしですよ!!
すぐに退散。
ひー
ひー
観光スポットめぐりはいったん中止。サン・マルコ広場のカフェに入り、ホットチョコレートを注文。
ホットチョコレート濃厚で甘い。
水(口直し?)
このクッキーが美味しかった。
いや〜寒かったですね〜。やっぱりこんな寒い時はカフェでホットドリンクに限る♪
ぬくぬくですな。
ですよね〜♪しかしこのホットチョコレートすごくコクがあってまったりうま〜ですよ。このくどい甘さがたまらない。
ぐびっぐびっ
んぐっ
んぐっ
落ちついたところで今日の夕食はどうします?どこか予約した方がよかったら電話で予約しときますけど
そうですね。そうしましょうか。
イタリアン ウルトラ グルメガイド
今朝からなにやら行きあたりばったり時間あったりなかったりで大変な目にあっていたので夕食は計画的にお店を予約しました!!
体もあたたまったので夕食の時間までブラブラすることに。
GUETTA
橋の周りには土産屋がたくさん並んでいます。
ガラスと仮面が名産ね。
ヴェネツィアングラスのペン

リアルト橋
運河にかかるでかい橋。ゴッツイね。
Veronese
TAXI
TAXI
橋のらんかんには人がズラリ。なぜならば…
ズラ〜
そこからはヴェネツィアらしい美しい運河が眺められるからなのだ!!
あいしゅう
あっ そろそろ予約した時間ですね。ココから歩いて10分くらいの所みたいですから のんびり歩いて行きますか。
ハンプ〜
いざ レストランへ♪
何食べよ〜
いざ!! いざ!!
何だコリャ?
いざ!! いざ!! いざぁー
…
…ってレストラン知りません?
知らね。
カジっていい?
ダメ。

どこですか?・
ヴェネツィアの町は水路で細かく分かれているため路地が複雑になっていて迷いやすいのです。まぁよそでも迷ってますけど・・・
ぐぅ～
ぐぅ～
一時間半後・・・
ようやく発見!!
ありましたぁ
予約時間過ぎまくり。
ハラペコさん～
水の都ヴェネツィアといえばシーフードに違いない。アドリア海で獲れたピチピチ新鮮シーフードが我々をお待ちしてるに違いない。
ピチピチー!!
もうハラペコです。
コレとコレもコレもコレも
ペラペラペラペラペラペラ・・・
シーフードーン!!
イワシの南蛮漬け
フグのグリル
イカのグリル
シーフードパスタ
タコのサラダ
イカスミリゾット
ほほぉーどれどれイカスミいただきますよ。
美味い!!
ガッガッガッガッガッ
イカうまっ
フグうまっ
タコうまっ
ピチピチシーフード最高でした。
ヴェネツィア2日目に続く。
ゲプ
ゲプ
ゲプ

いのうえさんの旅アルバム

フィレンツェともこれでお別れ。一路、ヴェネツィアへ。

ドゥオーモの大クーポラを登ってみる。途中、所々に小さな窓が。

カピバラさんも、なんだか名残惜しそうだね。

463段の階段はヘロヘロンになるけれど、てっぺんからの眺めは感動的。

おっと、昼食はお忘れなく。

移動の間ヒマだから、ボンさんが似顔絵描いてくれるって。

ヴェネツィアは、写真やＴＶで見たことあっても、やっぱり自分の目で見るのって違うなぁって思った。まるでテーマパークみたい…っていうぐらい現実味がわかない凄さ。

水上タクシーでホテルへ
移動。あいにくの雨だけ
ど、それもまた味だね。

どっちを向いても、なんだか絵
になりすぎで、現実味のわかな
い風景ですよ。

ヴェネツィア到着！
もう、いきなり駅の目の
前からドーンと運河。

ホテルのロビーのラ
イオンさん。ねぇね
ぇ、ここの水はやっ
ぱ美味しいの？

さっそく、サン・マルコ広場へ。

サン・マルコ寺院。
なんかエキゾチックだね。

鐘楼、登る？

鐘楼てっぺん到着。
エレベーターであっという間に到着。いやぁ、文明は偉大だね。

さすがは“水の都”、
どっちを向いても水だらけ。
もちろん広場も見下ろせるよ。

せっかくなので、みんなで記念撮影。

ホットチョコレートで一休み。
すんごい美味しかった。

リアルト橋は
いつ見ても、
鈴なりの人人
人。

おおぅ！！　あれがかの有名なゴンドラ
ですかぁ。

もちろんボク
も渡ってみま
した。景色キ
レイ過ぎ。

ぐるぐるとヴェネツィアの裏道
を堪能した末に、ようやくレス
トラン到着。

ワインも食事も言うことナシです。ヴェネツィアサイコー！

8OTTO

8日目
ムラーノ島の割れないガラスとゴンドラと…

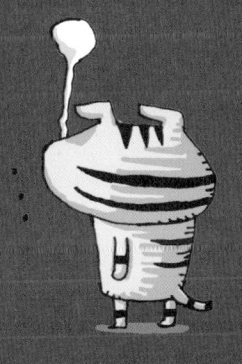

ヴェネツィア2日目の朝
イタリア旅行もいよいよ大詰め、日本を離れて8日目となり初めての海外旅行に驚き、とまどい、感動の連続にハイテンション気味のボンであったが、ここにきて、思わぬ変化が彼をおそっていた…
…
朝食バイキング
どれにしようかな〜♪ハムとチーズは外せない…
いただきまーす
ドーン
大盛り!!
うまっ
ガツ
うま
ガツ
いやぁ〜あいかわらず本日もイタリアンは美味ですねぇ〜ボンさん。
おかわりしちゃおかなー
あれ?
ちまっ
コーンフレーク
どうしたんですか?それだけしか食べないんですか?オナカでも痛いんですか?ボンさ…
?
もったいないなぁ…
ドョーーーン
ハァ
うわっ
どどどうしたんですか!?顔オカシなことになってますよ?・口から何か出てるし
のりたまゴハンが食べたい!
ハァ〜
大丈夫ですか?
ガタ
は?
たまごゴハンが食べたい。みずみずしい納豆とカリカリウメとスコンブが食べたい。ジャンプが読みたい。デロノートの続きが気になる。ボンジロウ(飼猫)の安否が気になる。この木が何の木か気になる。凧揚げしたい。タコ焼き食べたい。金魚すくいたい。リンゴあめ食べたい。あとボーノじゃなくて「美味しゅうございます」って言いたい。部屋のそうじがしたい…
ブツ
ブツ
ブツ
ブツ
ブツ
ブツ
ブツ
ブツ
ちょちょっと!落ちついて下さい!

こ、こやつ ホームシックに なっとる!!
ゴーーン
どうする どうなる ヴェネツィア 観光・・・
ハァ
スモークレスター
ヴェネツィアといえば有名なのがヴェネツィアングラス。そこで今日はガラス工芸で有名な島ムラーノ島へ行ってみることにしました。
工房とかも見れるそうですよ♪
ハァー
ムラーノ島へは水上バスを使って移動します。
ザバババババ
水上バスは風がとても気持ち良くてウキウキします♪
・・・
ムラーノ島
島に着くと待ちかまえていた客引きのおじさんにそのままスルスルとガラス工房へと連れて行かれます。なるほどそういうシステムか。さすがガラス工芸の島。
FORNACE
工房は とても 熱い。
モワ〜モワ
モワ
あつい
あつ…
どのくらい熱いかというと・・・
こ、これは・・・
だらだらだら
いのうえさんに引火しそうなくらい熱い。
燃えそうです。
チリ
チリ
チリ
ヒィ〜〜 いのうえさんが熱い〜〜。
モワ〜
モワ〜

工房ではガラスの製造工程を職人さんが実演しながら説明してくれます。
このんが職人さん。愛想わるい。さすが職人さん。
ココデワガラスヲ…
なんと日本語でも説明してくれました。
まずはガラスの材料を高温でドロドロにしてアツアツを取り出す。
ゴロゴロこねくりまわしていく。
ぐに ぐに
ぐにぐに形をつくっていく。
ぐにょ〜ん
さっ
さっ
にょーん
引っぱったり押したりしているうちに…
あっという間に
馬完成!!
ヒヒーン
おお——♪
パチ パチ パチ パチ パチ パチ
スゴーイ♪
スゴーイ♪
ペチ—ン ペチ—ン
イルカやペンギンもできるよ。
カラフルなのもできるよ。
工房見学が終わるとそのまま直営店へ連れて行かれます。
うーむやっぱり実演見せてもらったし、これくらい買わないと申しわけない気持ちになりますね。
お土産にイイデスヨ、
わー
買いませんけど。
あれ?ケチな日本人メズラシイデス、

ヴェネツィアングラスで有名な島だけあって岸辺に並ぶお店はほとんどガラス土産のお店です。
ガラス工芸店
ガラス工芸店
ガラス工芸店
ガラス工芸店
日本でもよく見かけるガラス動物
定番のグラス
ネックレス
せん抜き、取手がガラス
そしてガラス工芸の島で有名なムラーノ島ですが建物もスゴく雰囲気があって眺めて歩くだけでナカナカ楽しめます。
かわいい～
ボートもオシャレカラー
エンジンがヤマハだ!
YAMAHA
RISTORANTE
ハァ～
ちょっとそこらのカフェで休憩しませんか?
けっこう歩きましたね～
賛成～
水辺のオシャレなオープンカフェでお茶
ケーキはテーブルごとにごっそり持って来てくれて好きなのを選ぶようになってます。
ドーーン
おお～
チョコケーキにしよ。
ボンさん何にします?
…豆大福と梅コブ茶下さい。
ハァ～
ねーよ。

島内には緑豊かな公園もあります。
あれ？ボンさんどこ行ったの？
トイレ？
あそこでブランコ乗ってますけど。
ブランコ？
どれどれ
キィ
キィ
ハァ～
ドヨーーーン
ゴーン
リストラかっ!!
お父さん会社はどーしたの？
せっかくのヴェネツィアングラス工芸の総本山ですからもう一軒ガラス工房のお店に入ってみることに。
VETRERIA
FURNACE GLASS
暗ーい。
ボローい。
実演はやってなかったのですが、工房の隣にオンボロ直販スペース発見。初めに入った工房と比べてなんというか、倉庫丸出しというか商品ホコリ丸かぶりというかあんま売る気なさそうなお店でしたが、意外とこういう所に本物はあるものなのだよヤマトの諸君。
雑然と並ぶグラスやら皿。
ホコリっぽい。
お土産に良いのがあったら買おうかと思ってたんですが…
ゴン!!
ビクッ!!
てててて
な、何事？
スゴイ音したけど。
くるっ
？

さっ
さっ
ゴゴゴゴゴゴ
花びん
ブン
ゴン!!
ゴンッ
!!
フンリャ…モル…ジェ…ル…ツア!!
コンプ…ラーレ!!
くわっ
えぇー!! 何?何?
ゴンガッ!!ゴッガゴン!!
怖っ!!
うちのガラスは丈夫なのでぶつけても割れないどーだスゴいだろ。買え!!」
と言ってます。
ゴンゴン!!
ゴーーン
あーー そゆことかぁ
荒っぽいジャ〇ネットタ〇タだなぁ。
コンニャロメ!!
コンニャロメ!!
ゴンゴンゴン
割れたら面白いのに。
ハァ～
ボン
ゴンガッ!!
さてそろそろ本土に戻りましょうか。どうでしたかボンさん。旅行記のネタになりそうなものありましたか?
その後 本土に戻って昼食。ボンゴレうまうま。食後は有名なアレに乗りますのだ。
ズバズバ
チュルチュル
ちちち

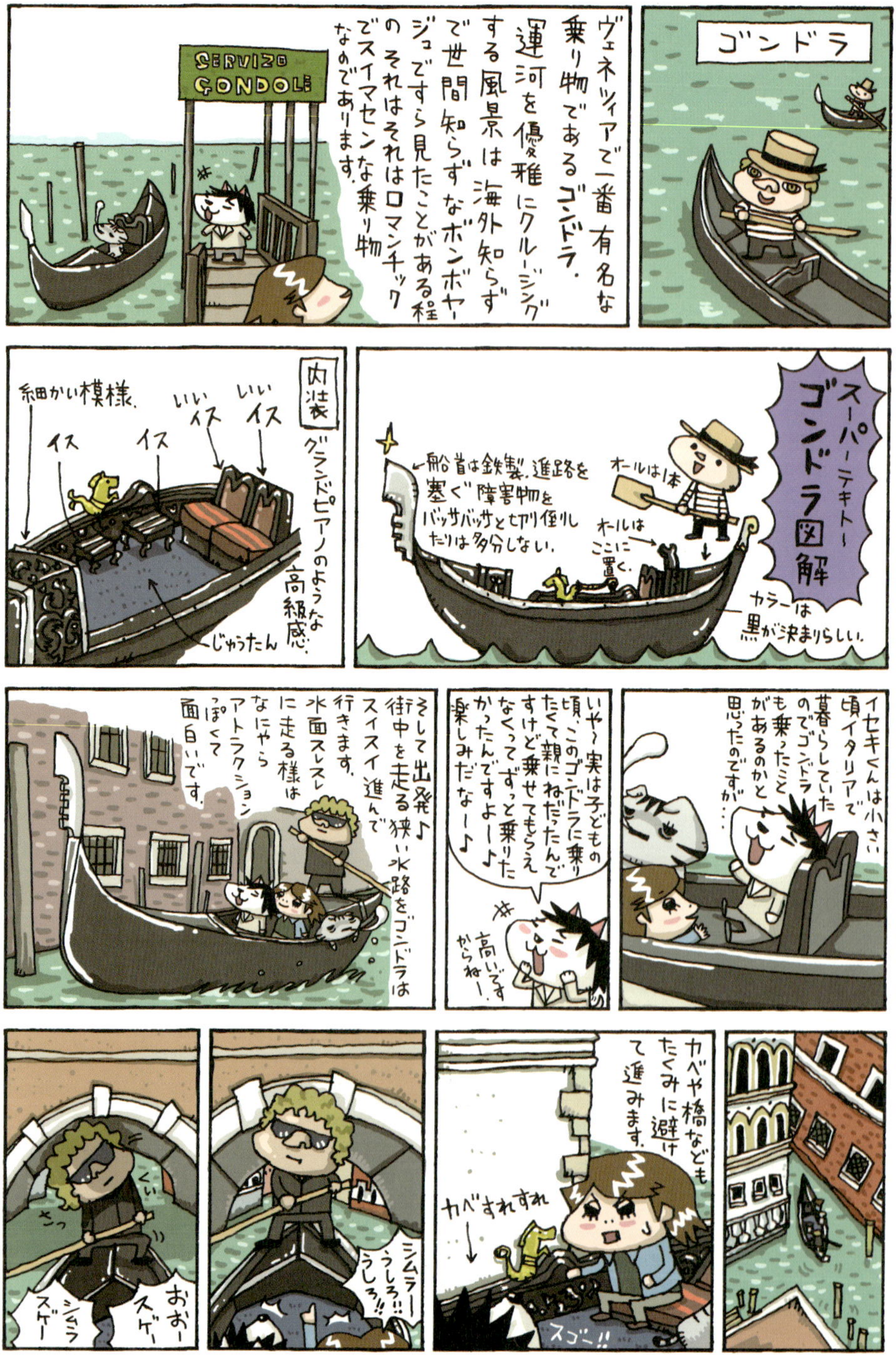
ゴンドラ
ヴェネツィアで一番有名な乗り物であるゴンドラ。運河を優雅にクルージングする風景は海外知らずで世間知らずなボンボヤージュですら見たことがある程のそれはそれはロマンチックでスイマセンな乗り物なのであります。
SERVIZO GONDOLE
スーパーテキトーゴンドラ図解
←船首は鉄製。進路を塞ぐ障害物をバッサバッサと切り倒したりは多分しない。
オールは1本
オールはここに置く。
カラーは黒が決まりらしい。
内装
グランドピアノのような高級感。
いいイス
いいイス
イス
イス
細かい模様。
じゅうたん
イセキくんは小さい頃イタリアで暮らしていたのでゴンドラも乗ったことがあるのかと思ったのですが…
いや～実は子どもの頃、このゴンドラに乗りたくて親にねだったんですけど乗せてもらえなくってずっと乗りたかったんですよー♪楽しみだなー♪
高いですからねー。
そして出発♪街中を走る狭い水路をゴンドラはスイスイ進んで行きます。水面スレスレに走る様はなにやらアトラクションぽくて面白いです。
カベや橋などもたくみに避けて進みます。
カベすれすれ
スゴー!!
シムラー うしろ!! うしろ!!
くい
さっ
おおー スゲー
シムラ スゲー

ため息橋
宮殿と牢獄をつなぐ橋で、牢獄へと連れて行かれる罪人がここを通る時「コハァ〜」と絶望のため息をもらしたとかなんとか。
コハァ〜
パァァーー
わー
わー
たーのしそ〜
小さい頃から乗りたかったというイセキくんはとてもゴキゲンでした。
ゴンドリエーレ
ゴンドラの船頭さんはゴンドリエーレと呼ばれ、船尾に立ったまま狭い運河をスイスイこいでいきます。それはもうかなりのテクニシャンです。サービスで歌を歌ってくれるゴンドリエーレもいるみたいですがボクらの乗ったゴンドリエーレさんは歌ってくれませんでした。ていうかゴンドリエーレのトレードマークはボウシと横ジマシャツだと後で知ったのですが、ボクらのゴンドリエーレはこんなでした。あれ？
こんなの
ゴゴゴゴゴ
なんじゃわれ〜
ゴンドラクルーズは30分ほどで運河を一周して終了。水上バスや水上タクシーとはまた違う手コギの静かでゆったりした感じがよかったです。
たっ
いやーゴンドラ楽しかったですねーー♪
パァァ〜
ハッハッハ
戻った!!
唐突にゴキゲンになった。
ゴーン
イタリアサイナー
ボン
ホームシック終了

ソーセージ
音とニオイに
つられる。
熱々で美味しそう。
そのままでもいいし、
パンにはさんで
ホットドッグ
にもしてくれる。
ジュー
ジュー
ジュー
BRATWURST
HOT DOG
PATATE
3種類のソーセージを買ってみた。
ブタ
ビーフ
チキン
ハグ
コクリ
ぬるいね。
感想 もっとよく焼いて欲しかった。
ゴキゲンも戻ったので
リアルト橋周辺のお店を
散策♪
ココナッツ
水がジョロジョロ出てる。
なんじゃコレ？
白メロン？
ココナッツですね。
COCCO
0.60
カリカリ
ポリポリ
ボリボリ
ハグハグ
食べてみた
皮は残す。
味がしない。
あえていうなら薄味のトウモロコシみたいな味ですな。
ですね
感想 ココナッツというとココナッツミルクのイナージがあったので甘いのかなと思ったら全然甘くなかった。スナック感覚？
ライオン像
MANIN
MANIN
翼
ライオン
ヘビ
パシャ
翼の生えたライオン像は
ヴェネツィアのシンボルらしく
街のそこかしこで見かける。

お菓子
チョコや焼き菓子などたくさんの種類がある。
ナッツとか色々入ってるチョコも多い。
チョコブロック。でかい!!
焼き菓子もおいしい
サカナ型チョコ
ヴェネツィア名物 仮面型チョコ。コワイ。
これ何?
ああヌガーですね。
ナッツをメレンゲや水飴で固めたお菓子です。おいしいですよ。
フーーンじゃ買っていこ♪
お土産にしよ♪
ヌガーはフランスのお菓子だった気がするが…
ゴーン
明日はミラノへ出発です。
イタリアンレザーおしゃれ手帳
皮のヒモでぐるぐるしばって持ち運ぶ。
カバーとヒモが皮製。
紙も手作り。
しおり
ペラペラララ
ご主人がずっと使ってる手帳を見せてくれました
使い込むとこうなる!!
シャキーン。
くったり。
色もツヤも全然違う!!
くたびれた感じとツヤがスバラシイ。
おおカッコいい!!
自分で使いこめ、それ店のご主人のですから、
じゃこの使い込んだやつを下さい。
どんだけめんどくさがりですか…
買っちゃった♪

いのうえさんの旅アルバム

水上バスから、海の上をすごい勢いで行く地元の舟を見かけました。サスガ。

今日は水上バスでムラーノ島へ。サン・マルコ広場横の乗り場から、15分程。

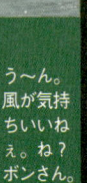

う〜ん。風が気持ちいいねぇ。ね？ ボンさん。

ムラーノ島到着。

ガラス工房のオジさんに「キミ、燃えちゃうから出てて」って言われちゃった。ショック！ ま、燃えなかったけどね。ふふん。

島のお店はどこもガラス製品だらけ。ヴェネツィアングラスってすんごく丈夫らしいよ。

ムラーノ島はすごくのどかで、なんだか幸せな気分になれる島でした。ガラス工房の実演は、結構いろんな工房で見せてくれるので、あちこち回るのも楽しいかも。

のどかだねぇ。島全体がのんびりムードで、のほほーんとした気分になれますよ。

どの家も外観がものすごくカワイイ。

なんとぉ！　お家のテラスの花までガラスで出来てますよ！

ボンさーん、まだホームシック中？ 次はゴンドラ乗りに行くよぉ？

ついにゴンドラ乗船！ スイーッって動くのが、なんとも気持ちいい。左の写真の正面に見えてるのが、有名な「ため息橋」。ゴンドラからは、歩いている時とは全然違った目線で景色が楽しめておもしろいよ。

皮の手帳お買いあげ？
ボクにも何か買って。

なんだあれ？イケメンゴン
ドリエーレのカレンダー？

いろんな色のパスタが
売られてたよ。ピンク
のとかは、ちょっと勇
気いるなぁ。

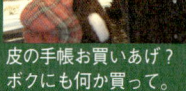

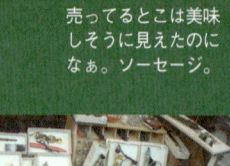

売ってるとこは美味
しそうに見えたのに
なぁ。ソーセージ。

ヴェネツィアングラス
のペンもいいねぇ。

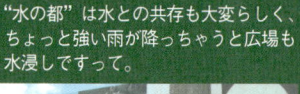

翼の生えたライオンは、
この街の守護聖人、サン・
マルコさんの象徴なんだっ
て。なんかカッコイイ。

“水の都”は水との共存も大変らしく、
ちょっと強い雨が降っちゃうと広場も
水浸しですって。

1986
1992
1996
2000
2002
come si inter
means of intervention

夜景もそりゃあもう
すんばらしい。これ
はサンタ・マリア・
デッラ・サルーテ教
会だって。

9NOVE

9日目
オシャレタウン
ミラノへ

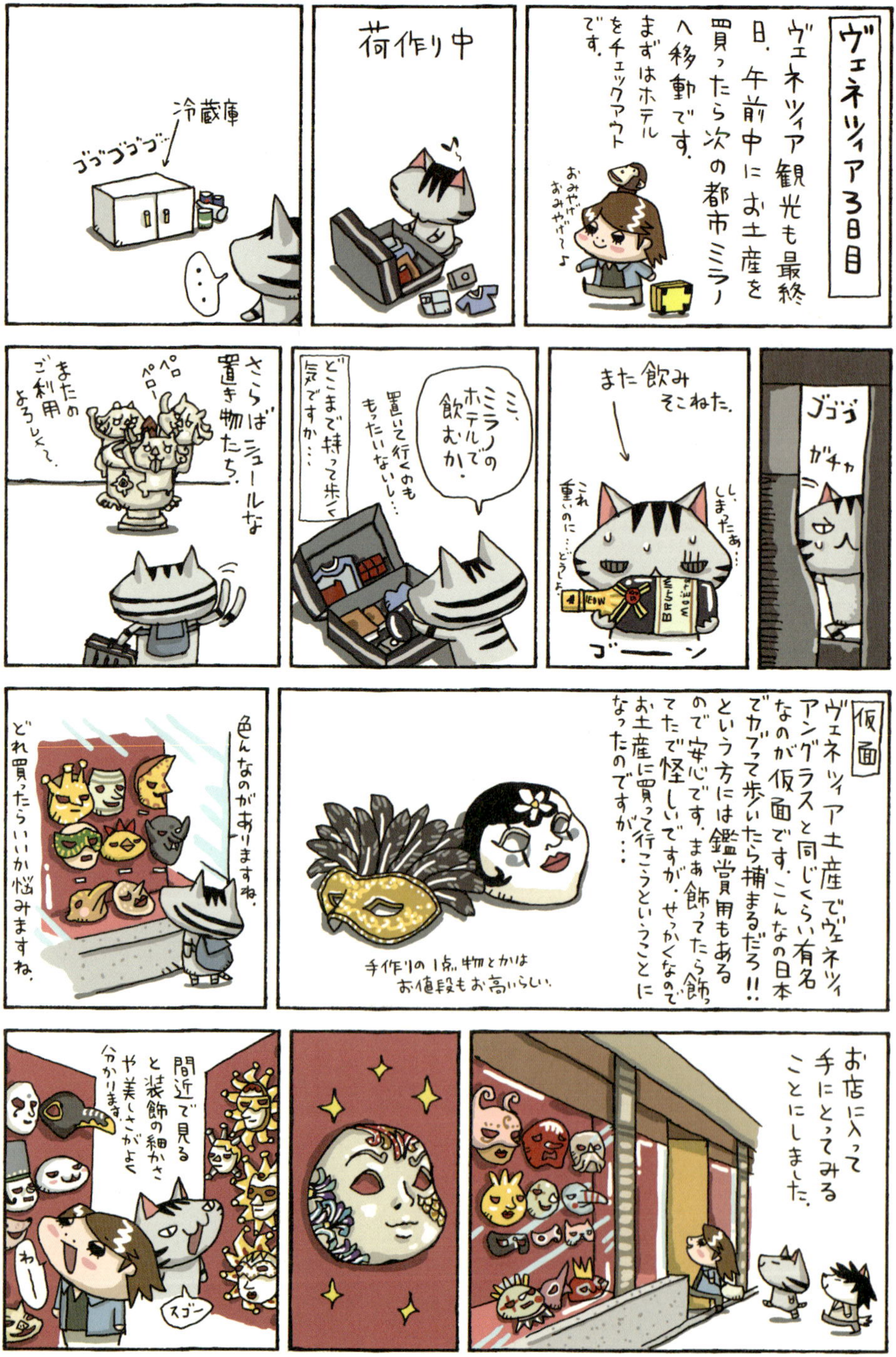
ヴェネツィア3日目
ヴェネツィア観光も最終日。午前中にお土産を買ったら次の都市ミラノへ移動です。まずはホテルをチェックアウトです。
おみやげ おみやげ〜♪
荷作り中
冷蔵庫
ゴゴゴゴゴ…
…
ゴゴゴ
ガチャ
また飲みそこねた。
し、しまったぁ…
これ重いのに…どうしよ。
ゴーーン
こ、ミラノのホテルで飲むか！
置いて行くのももったいないし…
どこまで持って歩く気ですか…
さらばシュールな置き物たち。
ペロペロ〜
またのご利用よろしく〜。
仮面
ヴェネツィア土産でヴェネツィアングラスと同じくらい有名なのが仮面です。こんなの日本でカブって歩いたら捕まるだろ!!という方には鑑賞用もあるので安心です。まぁ飾ってたら飾ってたで怪しいですが。せっかくなのでお土産に買って行こうということになったのですが…
手作りの1点物とかはお値段もお高いらしい。
色んなのがありますね。
どれ買ったらいいか悩みますね。
お店に入って手にとってみることにしました。
間近で見ると装飾の細かさや美しさがよく分かります。
わ〜
スゴー

よっと
これもオモシロイな〜
ねぇこれ試着してもいいのかな？
ドーゾ
大丈夫だそうです。
マントもあります。
ギュ
そして仮面
ゴーン
世界ビックリ人間の人!?
怪しい!!
他にもこんなのや
ヒト
こんなのや
トリ?
きらびやかな装飾で舞踏会やカーニバルを盛り上げてくれそうな仮面もあれば…
どちらかというとお祭用というより世界征服をたくらむ組織にニーズがありそうな仮面もあって興味深い。
これとかショッカー怪人以外の何者でもない。
ゴゴゴ
ゴゴゴゴ
でもまぁお土産に良さそうなのはこの辺かな。
ネコ
どうですか？この仮面。
とてもお似合いですよ。
(注)ボン
似合いますって。
ドーン
仮面購入。

水びたしの都ヴェネツィアを離れいよいよイタリア旅行最後の都市ミラノへ向かいます。
ミラノ
ヴェネツィア
ムラーノ島
ボローニャ
フィレンツェ
ミラノ
ミラノのドゥオーモ。すんごいトゲトゲしてて細かい。主婦なら絶対こんなデザインにはしない。誰が掃除すんの!?こんなホコリたまりそうなトゲトゲボコボコ細っかい建物。見る分には感動です。
てっぺんに金色の人が立っている。
高け〜 チョー高え〜。
トゲトゲ
トゲトゲ
トゲトゲ
トゲトゲ
改装中(?)でフェンスに囲われていた。いや〜残念。全面描けなくて残念。やれやれ。
ミラノ中央駅
ミラノはなにやら都会的です。
観光地というよりビジネス街?
例えるならばそう…
んー どことなくニューヨークの街に似ておりますなぁ。
イメージですよイメージ。
行ったことないでしょニューヨーク。
実に都会ちっくですよ。

ホテルチェックイン
THE WESTINPAL
ゴォー
チン
ガー
荷物置いたら下のロビーに集合して観光に行きましょ。
じゃ後で。
ハーイ
いざロビーへまいる。
ガー
さっきのエレベーターってこれだよね♪
さっ
違いますよ。
従業員専用エレベーター
ゴゴゴゴゴ
ゴゴゴゴゴ
Male
…エレベーターこんなボロかったっけ♪
ボロッ
ギギギ
チン
ガガガー
従業員控え室到着。
モックモック
モックモック
モワー
ゴゴゴゴ
ヒィ
NO~!!
NO~!!
裏口からつまみ出される。
プラーン

裏口
正面玄関
スタタタタ
ロビー
ミラノのソファーはオシャレだわぁ。
なぜ外から来る!?
ゴーン
キィ〜〜
地下鉄に乗って中心地ドゥオーモ駅へ向かいます。
ドゥオーモ
トゲトゲチクチクドゥオーモの周辺にはアーケード街やブランドショップストリートが並ぶ買い物好きにはたまらないショッピングの街となっております。
アーケード
シャラーン
これまでの地方都市と違ってミラノはとても都会的でどこもかしこもオシャレにできております。
ホホー
LOUIS VUITTON
マックまでもがオシャレです。
歩いてる人もオシャレです。モデルみたいな人ばっかでビックリしますがミラノの街にはこんなオシャレな人が似合います。
逆にオシャレでないとスゲー浮きます。

オシャレボーイイセキくん
ブランドバッグ買っちゃった
ブランドとかオシャレに縁のない二人
ミラノの街は少々なじめなかった気味
へぇ~
へぇ~
しかたないのでオシャレな雑貨屋でオシャレなアヒル購入。
ドーン
グワッ
オシャレアヒルゲーット
さらにプラプラ歩いていると…
ん?
わーわー
なにやらスゴい人だかりができていた。キャーキャーいってるとこを見ると有名人がご来店か?
キャー
キャー
イタリアでもケータイで写真なんですね~
しかもこのテンションの高さからしてかなりのスターと見た!!
パシャ
パシャ
キャー
キャー
キャー
どれ
どれ
どれ
キャー
キャー
キャー
あー!!
あの人は!!
ドーン!!
ハーイ
キャー
キャー
キャー
誰だー!?
ゴーン
知らねー
全然知らねー
見た事もねー
海外であのスターに会ったよスゲーボンさんスゲー!!的展開を期待するも残念な結果に、
まぁ…あれだね たのきんトリオが来るっていうからニチイの屋上行ったらいもきんトリオが来た。みたいなガッカリ感はいなめませんでしたけどあの人もきっと、知ってる人なら知っているそこそこ有名なスターなんですよ。キャーって言われてたし…ねぇ。

ブランド店は入りづらいのでデパートでプラプラしてみる。
家電もオシャレだわぁ～ でっかくて重たいわぁ～
オシャレだわぁ～
オシャレだわぁ～
そうこうしてるうちに
おなかへった♪
ぐうきゅる
夕食時です。
じゃあそろそろごはん食べに行きましょうか。何食べます？
ぐぅきゅるる～
フフフそんなの決まってるでしょ。ミラノといったらもちろん
ミラノ風カツレツでしょ!!
キラーン
ド
オシャレじゃなくてグルメならおまかせあれ!!
説明しよう
ミラノ風カツレツとはたたいてのばした牛肉をオリーブオイルでカリッと揚げたサクサクペラペラカツのことである。ミラノの代表料理であり同じ○風でもファミレスの手作り風ハンバーグとはわけが違うのである!! 手作りじゃねーのかよ!! みたいなことはないのである。ちゃんとミラノなのである。ナポリなのにナポリタンねーのかよ!! うわぁぁ～ん!! ってことはないのである。ミラノといったらミラノ風なのである!!
サクサクよ♪
今日はガイドブックで探さず（探してもまた迷いかねないので）自分達の足を使ってお店を探すことに。
フフフ通っぽい。
あっ!! レストラン発見しました!! あそこにしましょう♪
ほらあそこ!
ドーーン!!

いやいや。これはダメだよイセキくん。絶対このカッコじゃ入れてくれない系だよ。オシャレ門番いるし追いかえされちゃうよ。
なにげにチャレンジャーだよねチミ。
こんなカッコして行かないとダメだよ。
オホホホのホー♪
そんなオシャレな店は無理だ!!ということでさらに歩きまわりようやく庶民的かつ雰囲気のよいお店を発見!!ここに決定。
TRAMTRAM
お気楽なのが一番よー♪
ドカーン
ミラノ風カツレツ
オリーブオイルでソテーした野菜など。
パン
ミラノ風リゾット
赤ワイン♪
いっただっきまーす。
横から見るとペラペラだけど上から見るとでっかいね♪
おぉ〜いい音♪
サクッ
!
サクサク
めちゃめちゃ美味しい。
オシャレよりも食い気な二人。
ガッ
うまっペラペラうまっ
うまうまミラノうまっ
パクパク
ガツ
カチャ
カチャ
デザートもオシャレにでかい。
うんまー
でかティラミス!!
どこもかしこもオシャレなミラノでありました。

いのうえさんの旅アルバム

ヴェネツィアの街中にはそこかしこのお店に、お面やら衣装っぽい服やらの、ハデハデな装いが飾られていました。カーニバル用かな？

…これ、フツーの人が着るものなんでしょうかねぇ？

今日でヴェネツィアも終わりかぁ。おみやげはやっぱり…仮面かなぁ。

ヴェネツィアの仮面ってどれもハデだねぇ。

ボクにピッタリの仮面発見！

どお？似合う？

ミラノは近代的なビル街とブランドショップが印象的でした。それまで回ってきた場所が歴史的な色が濃かっただけに、すっかり観光気分が抜けて、ちょっと寂しかったなぁ。

旅も9日目。ボンさんともすっかり打ち解けたのだ。

ホテルから駅へは、来たときと同じく水上タクシーで。

さよ〜なら〜。ヴェネツィア〜。

ヴェネツィアの玄関口、サンタ・ルチア駅。ここからはまた電車で移動です。

カピバラさんとボンさんもすっかり仲良しだね。

やれやれ、旅も終盤、ちょっと疲れも出てくるね。

車内にあった路線図。このままず〜っと乗ってたらスイスの方まで行けちゃうみたい。それもいいなぁ。

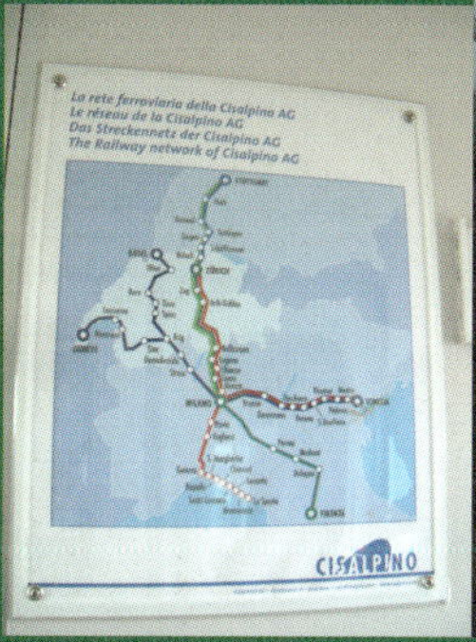

さてさて、次の目的地、ミラノはどんなとこかな。

ミラノ中央駅到着。駅舎がすごくカッコイイ！

ミラノ、すんごい都会だね。なんか気後れしちゃうなぁ。

ドゥオーモのすぐ側には、カッコイイアーケードが。中はブランドショップやらカフェやらが並んでいました。

さっそくドゥオーモへ。完成まで500年もかかったんだって。世界最大のゴシック建築らしいよ。

残念。修復中なのか、正面が覆われちゃってました。

でも側面は見られるんだね。これでも十分凄さは伝わるね。

この旅最後の夕日が沈んでいく…。夕食何にしようかなぁ。

イタリア最後の晩餐だから、デザートにティラミスもしっかりいただいちゃいました。

ミラノ風リゾットも、もちろん、ぬかりなくいただきますよ。

やっぱミラノと言えば、ミラノ風カツレツだね。サクサクッと軽い食感で食べやすいよ。

10DIECI

10日目
さよならイタリア

イタリア最終日
いよいよ最終日ですな。
なごりおしいですな。
ですな。
さて昼までには空港に行かないといけないんですがどこか最後に行っておきたいとこあります？
遠いとこはムリですが
じゃあ あれ見に行きましょ。あの有名なヤツ。イタリア最後だけに。最後のだけに。
最後だけに…
ダ・ヴィンチの傑作・
最後の晩餐!!
あ――なるほど。でも残念ながらあそこは事前に予約してないと入れないんですよ。人気なので。
※見学は要予約なのだ。
まぁとりあえず行ってみようよ。
サンタ・マリア・デッレ・グラツィエ教会
最後の晩餐は正面の教会!!と見せかけてこっちの食堂の壁に描かれているのだ。
へぇ――
パシャ
パシャ
教会の前でブラブラしてると見学を終えた予約ツアーの人々が出てき…んっ、
ゾロ ゾロ ゾロ
日本人!!
いやぁ良かったね。ダヴィンチさんはナイスだったね。予約しといて正解だったね。

日本語!!
エハガキアルヨ!!
センエーン センエーン
ジャパン!?
ここってジャパン?。
日本人観光客
なんでしょう、ここって…
イタリア村!?
日本語ペラペラ露店商人
イケる!! この日本人満載ぶりと優待ムードなら3人くらいオマケで入れる。
キラリーン
ダメでした。
NO
てへ
てへ
てへ
やっぱりね
じゃそろそろ帰りますか日本に。
イエス
ミラノ マルペンサ空港
CHECK-IN AREA 1-9
ウレシノさん情報で空港内で美味しいゆで立てパスタが食べられる店があると聞いてたので行ってみる。
でっかいナベにカルボナーラやらボロネーゼやらアラビアータやらパスタソースが並んでいて…
注文するとその場でパスタをゆでてくれソースをかけて完成。パスタ以外の料理も皿にとり分けてくれます。

これをホドホド〜に下さい。
イタリアでいただく最後のイタリアン
カルボナーラ
生ハム
モッツァレラチーズ
アラビアータ
ポテト
いただきまーす。
和食が恋しくなったりもしたけれど本場のイタリアンはどれも（一部除く）美味しかったなぁ。
ボーノ
ボーノ
食後、空港内のお店でお土産を購入。
ワインまた買お。
イタリアーン
生ハム
オリーブオイル
チーズ
バルサミコ酢
ワイン
アンチョビ
ボンさんお土産とか買わないんですか？
あ、ボク友達いないんで大丈夫です。
シャンパンあるし。
そんなこんなで長いと思われた10日間のイタリア旅行もあっという間におしまいです。
ボンボヤ的には初めての海外旅行でしたがすっかりイタリア好きになりました。旅行も、飛行機以外は楽しくていいものですね。
よし!! 名ごりおしいですけど行きましょうか!! さらばイタリア!!
ダッ
ピィーー
ハイコッチキテ〜

キィーーン
成田空港
10日ぶりに帰ってきました日本に!! すると空港ロビーで突然の歓声が! なんと!!イタリアに行ってる間にボンボヤージュブームが到来してましたか!!
キャー キャー
どうやら韓流スターの来日便と重なったもよう。
なによ違うわ、ピョン様じゃないじゃない、がっかりだわ!! がっかりなのだわ!!
ブー ブー ブーベー
帰国そうそうブーイングか!!
そして解散
おつかれさまでした〜
おつかれでした〜
でした〜
10日ぶりに帰宅
ただいま〜
あ、おかえり〜
…というわけでそりゃあ大変だったよ。でもイタリアンは美味しかったね!! 毎日そりゃあ食べまくりだったね。あ、資料用に食事シーンをビデオ撮影したのがあるから後で観せてやるよ〜。
ところでジャンプはちゃんと買っといてくれた?、間違って月刊買ったりしてないだろうな?
…でお土産は?
ゲラゲラ
ああそうそう。
ガパ
ハイ
ゴゴゴゴゴ
MADE IN France
ゴーン
ヌガーかよ!?
メイドインフランスかよ!!
ボーノ
ボーノ

いのうえさんの旅アルバム

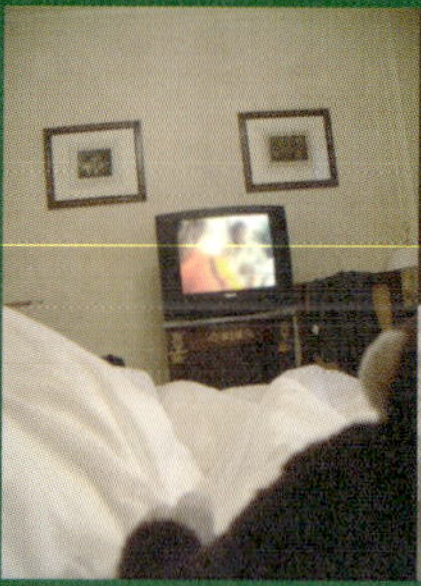

そろそろシャワー浴びて準備するかぁ。

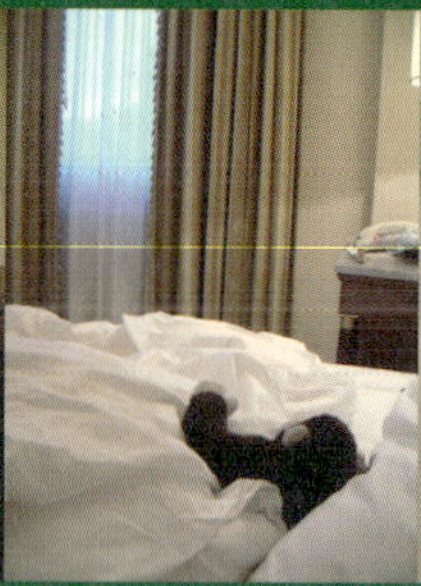

なんだかんだで色々あったなぁ。

朝かぁ〜。今日で帰るんだよねぇ〜。

お土産色々買っちゃったから、すっかり荷物が増えちゃったね。

準備万端。よし、行くか！

今朝は泡風呂にしちゃおうっと。

多分入るのは無理だと思うけど、一応行ってみますか。「最後の晩餐」見に。

というわけで到着。サンタ・マリア・デッレ・グラツィエ教会。

やっぱり、中には入れなかったね。でも、たまに予約なしでも入れることもあるらしいよ。

帰りの空港って最後の砦って感じがする。お土産忘れてた人の分とか買ったり「最後にもう一度だけアレ食べたい！」なんて風に、空港で現地の名物探し回ったりしない？

駅からいよいよ空港へ。
電車で…と見せかけて、
バスで移動です。

何度見てもどこから見ても
カッコイイ、ミラノ中央駅。

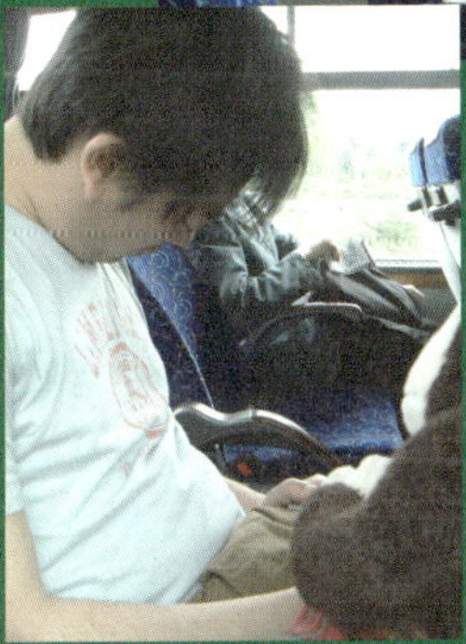

あらら、ボンさんも
お疲れですね。

空港到着。

飛行機の出発時間
まではまだまだ余
裕だね。

空港内の
レストラ
ンで腹ご
しらえ。

最後の本場の味はボロネーゼに
しました。生ハムとモツァレラ
もぬかりなくオーダー。

さよーならー、
イタリアー。

これがこの旅最後の移動だね。

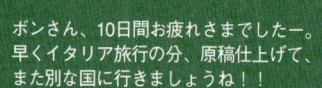

カピバラさんも、どうもお疲れ
さまでしたね。まぁまぁバナナ
でもどうぞ。

ボンさん、10日間お疲れさまでしたー。
早くイタリア旅行の分、原稿仕上げて、
また別な国に行きましょうね！！

空港はおばさま方で大にぎわいでした。

CIAO!

後日、日本にて

コロン
やった、
で…
できた、
イタリア本の原稿でき上がったぁ～!!
実に2年余りの歳月をかけて♪
ゴーン
ややれやれちょっぴり時間かけ過ぎちゃったかな…
※旅行時2005年、原稿完成時2007年。
というわけでお待たせしました。後はこの原稿持って帰っていただいてね、編集部の方でバッチリカッコいいカバーつきの本にしてもらってねえSしZ…
くる
わー!!
ゴーーン
原稿待たされ過ぎて担当編集者白骨化
ヒュウ
ゴキュ
ゴキュ
ゴキュ
ゴキュ
プハー!!ってどんだけ待たされたことかー!!何度となく発売延期にさせられましたし!!ようやくか!!ようやくにしてか!!
まぁでもこうしてマンガになったのを見るとなかなかにオモシロい旅でしたよね～♪また行きたいなぁ。
パッ
ボンさんもこの旅以来、すっかり旅好きになったりしたんじゃないですか?
いや別に。
まぁでもイタリア旅行は確かに楽しかったですよね。帰ってからの原稿が地獄だったけど。水もっと飲みます?
あ、じゃあ3ℓほど。
よいしょ
ガチャ
ドーン
MOET
BRUTAL
MOET & CH
おしまい

ボンボヤージュが勝手気ままに選ぶ

イタリアなんでもベスト3!!!

うおー
ナイス
セレクトー!!

☆これはまことに美味だったイタリアン ベスト3!!!

1位 マルゲリータ(ナポリ) これは感動した. ナポリタンがなくても ナポリはこれがあれば安泰だと思った.

2位 ハムとチーズ(どこもかしこも) どこで食べても普通に美味い. 日本でいうとこの「納豆と味噌汁」的な定番の強さを感じた.

3位 ミラノ風カツレツ(ミラノ) サクサク好きにはたまらない.

☆これは正直ダメだったイタリアン ベスト3!!!

1位 香草のパスタ(ボローニャ) ボローニャはやっぱりボロネーゼだって!! 間違いないって!

2位 ステーキ(フィレンツェ) かってぇの♪ホント. 日本のに慣れてるからだろうか… いや, 慣れるほどステーキ食べてないけど.

3位 ドライ納豆(持参) 毎朝食べてたら気持ち悪くなった. あ, これイタリアンじゃねー♪

☆感動ベスト3!!!

1位 カプリ島の景色. ここに別荘を持ってる人と友達になりたい.

2位 フィレンツェの町並み. オレンジに統一された屋根がスゲーきれい.

3位 ヴェネツィアの水没っぷり. 見たことない有様だったのでインパクト大だった.

☆失敗ベスト3!!!

1位 似顔絵がエロエロナイトだった.

2位 水筒にカルピスを入れてくるのを忘れた.

3位 ボローニャのレストランで香草のパスタを注文してしまった.

4位 換気扇だと思って引っぱったら非常ベルだった.

5位 ホテルのエレベーターを間違えて従業員控え室に行ってしまい. 裏口からつまみ出された.

6位 画材屋でパステルを見ていたらうっかり落としてボキボキに折ってしまい, 欲しくもないのに買わされた.

7位 ミサンガ結ばれて金とられた.

8位 ウェルカムシャンパンを開けるタイミングを見失っている.

9位 お土産にヌガーを買ってしまった.

10位 ベスト3なのにうっかり10個も書いてしまった.

失敗:
しまくり
ですね.

日本と違うねベスト3

1位 頼んでないのにやたらとミサンガを結びに来る.

2位 水がシュワッシュワしてる. ←してないのもある.

3位 夜、自販機が動いてない. ていうか外に出てない. ←夜中にのど渇いたので水買いに出たがどこまで歩いても自販機がなくて、あげくのはてに道に迷って泣きそうになった.

日本と同じねベスト3

1位 ネコがカワイイ.

2位 有名人を発見したらケータイで写真を撮る.

3位 ボートのエンジンはYAMAHA.

ビックリしたなぁもうベスト3

1位 みんな何しゃべってるか全然分からなかった.

2位 ホテルの非常ベル鳴らした時もスゴイ勢いで従業員の人がやって来てまくしたてられたがやはり全然分からなかった.

3位 食事の際、イセキくんが毎回メニューを丸々1冊全部訳してくれようとした. ウェイターが待ちきれなくて何度も催促に来るがそれを追い返してはひたすら訳し続けるイセキくんは真面目な若人なのでした.

ガッカリしたなぁもうベスト3

1位 10日もイタリアにいたらイタリア語ペラペラ気味になるかと思ったが結局ボーノとグラッツェしか覚えられずに終わった.

2位 白いご飯がなかった. ←たまにはリゾットになる前の白米が食べたかった.

3位 青の洞窟に入れなかった.

5 ANNI DOPO

そして、
発売から５年後…

やあ皆さん どーーもぅ
いや ボーノゥ
ヨロヨロ
ハァ〜
イタリア編発売から5年後のボンボヤージュの作者です。おひさしぶりじゃな。今回はえっと何じゃっけ?
チャポ チャポ
老け過ぎだろ!!
ドーン
あ、どーもSUZUです。お久です。
いや〜しかしまさかまたこうして5年も前に出版した本に出られるとは思いませんでしたね〜。これもひとえに…
ある日突然にお金無くなったんで失礼しますっつって印税未払いでトンズラこきやがった前の出版社のせいだコンニャロメ。当時はヤフートップニュースに『ちびギャラや旅ボンを出版していた○○ブックスが民事再生法の適用を…』とか書かれたせいでボンボヤージュ自体も倒産しちゃったみたいに思われるわ、ネット上じゃ読者から「イタリアでメディチの高級ホテルに泊まったりしてるからだ」とかカゲロたたかれるわ、そんなこと言うんだったらウェルカムシャンパン返しますよ。返しゃいいんでしょ返しゃ!!みたいな…
グチ グチ
グチ グッチ
ちぃ〜
だがしかし!!
パァアー
キラーン
キラリーン
エサを与えて下さい…
捨てる神あれば拾う神あり。
ツブれる出版社あればツブらな瞳の国民的クマさんあり!!
そのいい感じに力の抜けたクマさんを筆頭に日本を代表するカワユイキャラクター達の本を作っては売り、売ってはヒット性の『アタリを連発中の出版社『主婦と生活社』さんから旅ボンイタリア編を出し直してもらえることになったクマ!!
ありがて〜 いやされる〜
サイン下さーい
なぜだー!? うちにはカワイイキャラなど一匹もいやしないとゆうのにー。でもせっかくなのでお願いするクマ〜!!
そしてカバーも一新・タイトルは微新して
ドーーン
新 旅ボン イタリア編
ボンクラージュ
あの大人気 旅ボンシリーズ ついに今春 アニメ化 決定!!
役には イケメン俳優
主婦と生活社
今ここに旅ボンイタリア編復刻!!
バーーン
そこでね。ただ外見だけ変えたんじゃオモシロくないだろうってことでせっかくだから巻末に追加ページ入れようかってことになったわけですよ。あれから5年たって改めてあんなことあったねーそうだねーみたいな話を座談会形式で入れるみたいな。
なるほど〜 なるほど〜

というわけで16ページほど描き足して欲しいんですけど…覚えてます？イタリア行った時のこと。
全然
…ビデオ撮ってたでしょ。ダラダラダラダラ何本も。あれ見直してきて下さいよ。
どっか行っちゃった。
探して
…あった。
見て!! すぐさま見て。
ジィーーー（ビデオ鑑賞中）
ミタ。家政婦の…
その時その時の流行モノに飛びつくのはやめて下さい。何年も後に読む人もいるんだから!!
うん
それでは始めまーーす♪
ル〜ルル♪ ルルル ル〜ルル♪ルルル ルールールールールー♪
いやいや改めて思うに色々あったね イタリア旅行。5年…じゃなかった7年も前のことなのについさっきのことのように思い出しますよ。
まるでビデオ映像のようにハッキリとね。
そうなんですよね。旅行自体は本が出た2007年よりさらに2年も前の話なんですよね。描くのに2年もかかったヤツがいるからややこしいことになってますけど…
だけどありがたいことにこのイタリア編は本当に評判よくて面白いってみんな言ってくれてましたからね♪ おかげでこうしてまた復活することができてまたたくさんの人に楽しんでもらえたらいいですね〜♪
でもネットのレビューで「買うほどじゃなかった」って書かれてたよ。
な、何言ってんすか!! ネット上でもおおむね好評でしょうが!! 読んだ後、イタリアに行ってみたくなりました♪とか書いてくれてたでしょうが!!
イタリア通のイセキくんが書いた方が役に立つ本になったと思うっていうのもあったなあ…
どんだけネガティブ星人なの!?
あ そうだ。イセキくんといえば彼にも今回の座談会に参加してもらえたらよかったんですがちょっと連絡つかなくて残念でした。元気にしてるかなあ イセキくん。
Ciao
どうせまたイタリア留学でもしてスペイン広場で女の子ナンパしてんじゃないの？
ケッ
イセキくんそんなキャラじゃなかったでしょが!!
イセキくんのが役に立つとか言われたからって彼の印象悪くしようとキャラをねつ造するのはやめて下さい。イセキくんすごい真面目キャラだったでしょ。
字ばっかりでスイマセンね。

ほら それにイセキくんには色々とお世話になったでしょうが。忘れちゃったんですか？ ほら２日目のローマの時も。ほら思い出して下さいよ。
コロッセオ見学した後ですよ。
イタリア通のハズなのに一緒にミサンガ結ばれてサンキューグラッチェって言ってお金とられたローマ。
ローーマ!!
卒業式の呼びかけみたいに批判するのはヤメローー（怒）
そうじゃなくてローマに友人が住んでるからってお家に招待してもらったでしょ〜。ほら回想スターート♪
未公開シーンですよ。
イタリア２日目ローマ
!!
ブロロロ
いやーローマに友達がいるとかさすがイタリアに住んでた人は違うねー♪
ボクなんか遠くの友達っていったら岐阜の和田くんくらいだよ。
でもせっかくの再会なのに我々みたいなヨソ者はいない方が良いんじゃないの？
でも一般のご家庭におじゃまできるなんてなかなか
機会がないから私は楽しみだなあー。
お二人のことは事前に電話で話してますし、友人も楽しみにしてるって言ってましたから大丈夫ですよ。
あっそこで止まって下さい。
キキィ〜〜〜!!
ゴッ
はい、着きました。部屋は知ってるんでついてきて下さい。こっちです♪
はぁーードキドキしてきた。どんな人かなー？
ジリリリー
バーン
Buona sera!!
ガチャ
なぬーー!! なんたる世紀の年の差カップルフレンドー!!?
これは予想外だった。
ですね。
イセキくん、なんかお父さん出てきちゃったみたいだから〇〇くんいますかって呼んでもらった方がいいんじゃない？
ひそひそ
彼が友人です
Buona se ra!!
わーー久しぶりだねー!!

うーむ、日本じゃこんな年の離れた年長者を友達呼ばわりしたりしたら「失敬だぞ、おぬし年下のくせに!!」とか思われかねんところがあるけれどもこういう色んなものを飛び越えた対等な関係ってカッコいいよな〜〜♪
それにしてもなんだあの足元の・・・
カワユい生き物わ!?
ズキューン
キャワウィ
パァ――
天使は実在した!!
はわわ〜
いやもう外国の子供ってお人形さんみたいですよねー♡フランス人形みたい!イタリアンなのに。ハッ〜〜♡
正直生まれて初めてホントにカワイイ子供見たわ♪
今、日本中の子供を全員敵にまわしましたよ…だが確かに言わんとすることは分かる。
ほ〜〜らお土産のモンキーさんですよぉ〜♡
やめろ〜!!
イセキくんがイタリア在住の頃仲良くしていたというこのファミリー!Papaのご職業はなんと映画監督なのだ――っ!!
Padre
figlio
E' carina!
映画監督スゲー!!
ジローラモでもビックリですね!!
カッチェー
そうそうお二人ともお腹すいてるでしょ。簡単な夕食を今から作ってくれるそうですからいただきましょう。
ナッタ〜♪
訳 この子何て言ってるか当ててよう!! おいイセキ、久しぶりじゃねーか。日本に帰ってふぬけた生活してたんじゃないか心配してたんだぜ。よしいっちょオレがお前の修業の成果を見てやろう。トリャー!!
料理ができる男は女にモテますね!とジローラモが言っていたかどうか知らないがアイツはそういうこと言いそうだ。それはさておきイタリア男子は料理姿もカッコよろしい。
ジュー

いやいや、しかし突然夜中に押しかけといて よそ様のお宅の晩ゴハンまでゴチソウになるなんてヨネスケみたいなことしちゃってスイマセンねぇ。おっキタキタ♪
グラッチェ♪
コト~
ドーーーン
おー
美味しそう♪
おおー これは平打ちのパスタにズッキーニのクリームソースあえですか?
うーん良いニオイ
ボンさんお先にどーぞ♪
いやいや大丈夫。せっかくだから待ってますよ。みんなそろってから食べた方が…
NO!!!
ええ!?
くわっ!!
NO~!! ペラペラ… ペラペーラ!!
イ、イセキくん何ておっしゃっているのかしら?
え、えっと何て?
えっと、パスタはゆで加減こそが命であるので出来たてをすぐに食べるのがなにより大事だ。だからイタリアではこう言う。
パスタは待つな!!
なんかカッコイイようなそうでもないようなイタリアの格言キター!!
ドーーン
なるほどシェフがそうおっしゃるならお先に失礼していただいてみますけど…
ハフハフ ハフ ハフ ハッフ
ぐ熱ちちちぃ~ けど確かにこいつは
ブホォ!!
ボーノ!!
キタね
むぅう~ 出来たてが美味しいのはパスタに限ったことじゃないけど それにしてもこのパスタ予想外に美味い。
グラッチェ

正直食べる前は「具が単にズッキーニだけってどうなのかしら」と思ってみたりしていたが、この料理、ズッキーニめちゃ美味い。水っぽさは全然なくて適度な歯ざわりとホクホク感が、もっちりした手打ちパスタと合わさり更に両者をつなぎ合わせるチーズの香りと絶妙な塩加減が混然一体となって口の中がルネッサンスです。
ガッガッ
ガッガッ
ガッガッ
ガッ
ガッ
ガッ
ペラ…ペラ
Cangai
fim che le
?appagle
ノーーノーー!!
いいよいいよ。そんなの恥ずかしいしー。
何なに?どした?おかわりするのはちっとも恥ずかしいことではないよ。違うの?
なんだったらおかわりつきあおうか?
?
いやー実は昔、監督の撮った映画にちょっと出させてもらったことがあってそのビデオあるからみんなで観るか?ってそれで…
マヂでー!?スゲーー!!映画出たってことはキミ、スターじゃん!!ハリウッドスターじゃん!!
いやハリウッドスターではないでしょが、でもスゴいねイセキくん!!私も観たい。ぜひぜひー♪
えー～でも本当ちょっとだけなんですよー。そんな期待されると困るなあ…
何カトちゃんみたいなこと言ってんだよう!ちょっとでも映画出るなんて機会普通ないんだからね!!
いいないいなー!
じ、じゃあ出てるとこだけ少し観るだけですからね。
ウィーーーン
VIDEO
カシャ
BO-NO
パッ
おっ!!始まった
ドキドキするね。
ハァ
ハァ
ダダ
ダダ
当たり前だがイタリア語100%なので内容はさっぱり分からない
Piacere.
Vorrei
un caffe!!
Perfavore
E Buono!!
ねない
全然分からん。
バキューン!!

Mi sono Perso. Aiuto!! Non mi toccare!
いやーそろそろだなきっと。なんか人待ってる感じだからここで…
で、出た!!
えぇーーまさかこれがイセキくん?ずいぶん頑張ってとるなぁ。
Ciao
違うでしょ!!どんだけ特殊メイクしてんですか。
ここまでするんだったらこういうトコ探すわ。
なるほど人違いか…しかし言葉も分からなくても何となくストーリーって分かるもんだな。なんかだんだん面白くなってきて物語に引き込まれてき…
ゴクリ
ブツン
ピッ
・・・・
何ぬー!?
いやー恥ずかしかった。
どーいった場面においてー!?
ゴーン
えっ?えっ
イセキくんまだ出てないよね?
出ましたよ。
なぬぅーー。見逃した。もう一回見して。
えー恥ずかしいなぁ。
じー
じー
あっ!!そこです。そこで彼女と言い争ってるのがボクです。
なかなか自然な演技ができなくて苦労しましたよ。
!?
い、言い争ってる人なんかいたっけ?えっと…
やっぱりこの外国人がメイクした…
はっ!!
いたっ!!
なによー
コノヤロー
ドーン
なるほど
スバラシイ。
今度ボクも出してくれって頼んでください。

ホワン♪ホワンホワンホワワ〜ン♪
回想シーン終了の合図キタ!!
ね? どうですか! イセキくんいい人だったでしょが。
そうだね、そういえば確かに彼はいい人だったよ。失敬失敬。てへぺろ♪
そうですよまったく、あんな真面目な青年が7年たったからってジローラモみたいになってるわけないでしょ。
そうだね。彼は7年たっても変わってないよね。てへぺろ。
無理して若者言葉使うのやめろ。
それと比べるわけじゃないですけど もうひとり(?)の旅の仲間はある意味すっかり変わりましたよね!!
ん? 他に誰かいたっけ… あ、ウン…
違うっ!!! ほら♪いのうえさんと一緒に写真撮った…
カピバラさんですよ♪
キュル
キュル
あー
ドキュルーーーン
説明しよう!!
BONté
当時BONtéというキャラクター誌をやってた時に一緒に連載していた間柄で、当時ぬいぐるみはあったが本などはまだなかったので写真でちょっと参加してもらったのである。
あの時はまだカピバラさんがデビューしたばかりの頃で知名度も全然でボンさんに見せてあげた時も確か「こんな冬用スリッパみたいなキャラ売れるの?」とか言って…
言ってねえよ!!?
ゴーーン
ビクッ
ちょっとぉ!!もうマギでそゆこと言うのヤメてもらえるっ? トライワークス(カピバラさん作ってるチーム)の人が見たらどうすんですか! 感じ悪いだろが♪ 知り合いだけに気まずいだろが!! こないだもらったカピバラさんのサイン没収されたらどーすんだ!!
大丈夫ですよ、友達でしょ
うん、まあそうだね、友達っていうか、キャラクター歴的にはボクのが先輩ですからね。7年前もデビューしたてのカワイイ後輩の知名度が少しでも上がればいいかなと思ってこの本にも出したげたんだけど…
あっという間に知名度追い抜かれちゃいましたー!!
キュルピローン
ままぶしい!!
いやーもうスターですからね。手の届かない存在ですもんね〜。
オーー!! エカリーナ カワイイ
ワオ!! キュート エベッフ
キュル
キュル
でもまあ確かにむこうのスチュワーデスの人にも大好評だったもんねー。冬用スリッパみたいでカワイイ!! 冬用スリッパみたいでカワイイ!!って
そんなこと言ってませんでしたけど!! 多分。
スゲー人気だ…
カピバラさん、大変お忙しいとは思いますがもしよろしければまた一緒に旅してやって下さいませ。えへへへ…
©TRYWORKS

読者の方からの感想でもイラストがオールカラーで丁寧に描かれていて写真とは違った味があってスゴく好きですっていう意見が多いですからねー.
いやーそうですか?でもボクなんてまだまだヘタっぴですからせめて一生懸命にただただ謙虚に…
ドゥオーモ
サンタ・マリア・デル・フィオーレ大聖堂
とにかく眠い!! しんどい! 間に合わない!! なんだかんだで完成までにあと3日欲しい。
そんな折にはカピバラさんにおまかせ!!
うーむ、やっぱり旅ボンイタリア編はイラストが細かくて良いですねー♪
完璧なる美を追求しているだけのことですけどね!!
キリッ
テングになってますよ.
…であるにもかかわらず
ん?
ゴゴゴゴゴゴ…
ナポリ描かなかったですよね.
52ページのとこですけど.
え?な、何、突然。あ、ああ3日目のアレか…ま、まあアソコはちょっと絶景過ぎて…アレだったから…
ナポリの景色は「ナポリを見て死ね」という言葉があるくらい美しいですって書いといて1コマもナポリの景色描いてないですよね. 今さらですけどヒドくないですか?あそこ.
当時からずっと気になってたんですよねー
「ただ今ポテトとセットでご注文いただきますと大変お得になっておりますが当店にはポテトはございません」って言われたらカチンときませんか?「ドリンクバーを注文されますと40分間ビール以外が飲み放題となりますがうちはビール以外のドリンクは置いておりません」って言われたら?じゃ言うなよ(怒)!!ってなりませんか?
そもそもイラストレーターなのに絵が描けないとかって…
ナポリきれいだって言うならやっぱ見せてもらわないとねー だってあんな…
んだぁー(怒)
ぴあーぐザがぁー!!
ガターン!!
コヌヤロー
あんなゴチャゴチャ細かいもん描いてられるかぁー!!
うわぁあーん
エラい人はナポリの街の難しさを知らんのですよぉー!!
ピュー
逃げたー
…あれから3日。
ちょっとキツく言い過ぎたか…ヤバい。このままでは残りのページが。
…たよ~…

そして、発売から5年後…

…か…描け…た…よ…
プルプル
はっ!?
あ、あれはヴェネツィアでホームシックにかかった時の!?
ゴ〜〜ン
コハ〜
い、いや違う。これはボンボヤージュが極限まで追いつめられた時のみ使用可能となる「通常の3倍速く上手に絵を描けますけど6倍消耗しますモード」
ブルブル
その6倍消耗した後の姿じゃないっすかぁ!!
バタッ
ど、どうしたんですか!? 一体何を描いたらこんなオジイちゃんに…
ナ…ナポリ…
ナポリ…はっ!? そうか分かった。ナポリタン!! ナポリタンが食べたいんですね? ハラペコなんですね!!
良かった。実はこないだすこし言い過ぎたと思っておわびにさっきコンビニで買ってきてたんですよ!!
ち…
ゴソゴソ
ほら
ナポリタン
ドーン
さぁどうぞ遠慮せず召し上がれ!! さあさあ レンジないから冷たいけど…
ち…
ちが…やめ…
自分で食べられないほど弱ってるんですね。なるほど。じゃあ仕方ない…
ぐいぐい
ぐるぐるぐるぐるぐる…
!!
とぅ
ズボッ
ブフォッ!!
わっ!! キタね。ちょっと。もっとキレイに食べて下さいよ!!
ナポリを見て死ね—!!
ドーン
えぇ—!?
顔怖っ—!!
だ…だから…ナポリタンじゃなくて…ナポ…ナポ…
え? 全然聞こえない。何ですかって。はい!?

 そして、発売から5年後…

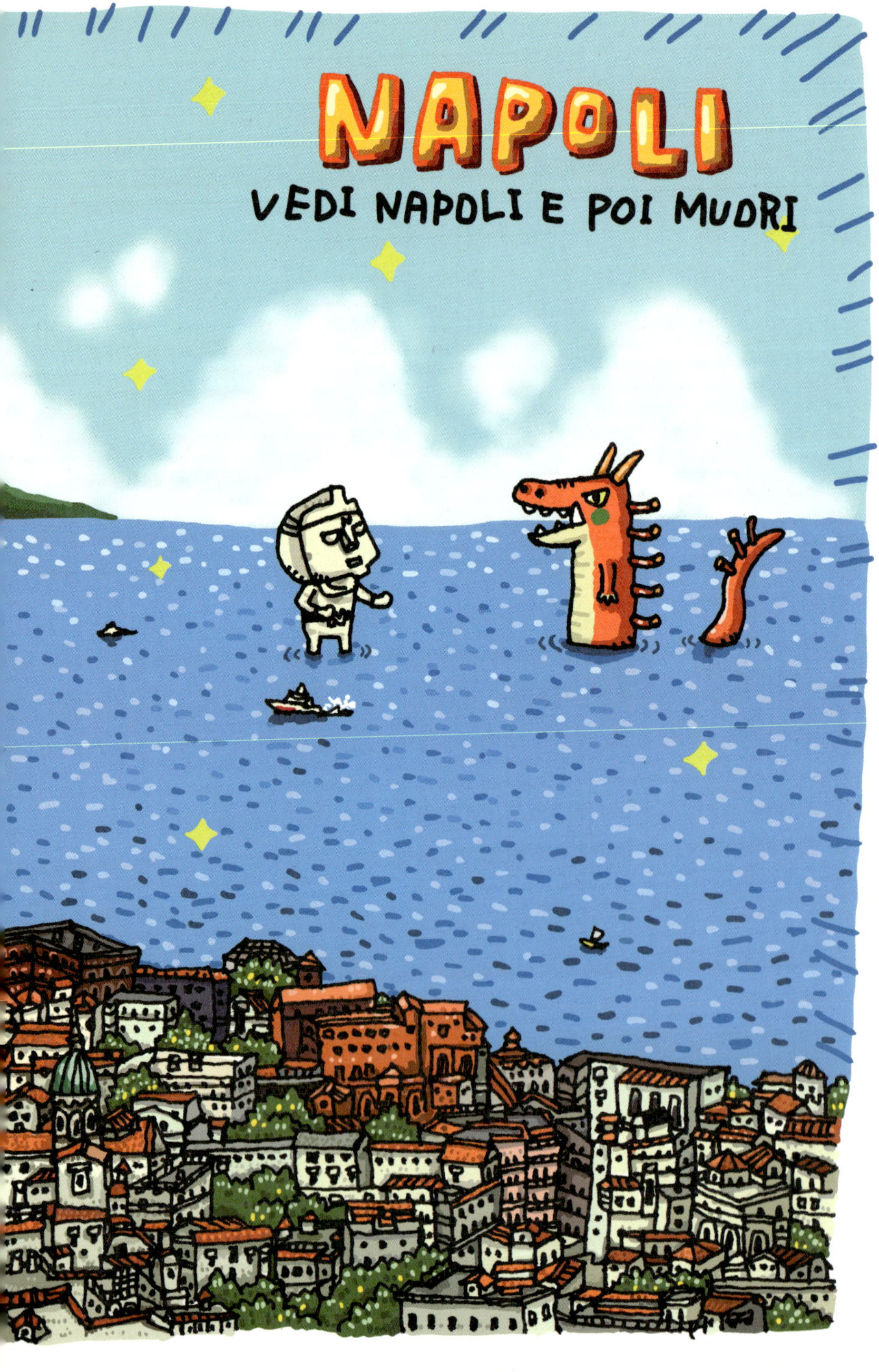
NAPOLI
VEDI NAPOLI E POI MUDRI

そして、発売から5年後…

㊟ナポリマンとナポリゴンは実在しません.

す、スゲー こいつはまさにナポリ!! 遠くから眺める分には多くの人々に感動を与える美しい港町であるが近くに行っちゃうと今やゴミ問題で多くの人の鼻を曲げちゃいかねないと噂のあのナポリそのものじゃないですかあ!!
何か変なのいるけど…
やりましたね先生!! さすがはやればやった時だけデキる子ですね。
ぐっ
5年間ただムダに生きてただけじゃなかったんですね♪ スゴい。
ニコ
ガク
せ、先生? ボンボヤ先生ーーー(泣)!!
んごぉおぉ~
やらすなよ…
さて
最後は何の話しようかな… えーと
ああ そうだ。
そういえばイタリアで手に入れたお土産ってどうしてます? 例えばそこに転がってる例のシャンパンはやっぱり
ちなみにヌガーは喜ばれなかったので知ってますからいいです。
ああコレ?
ゴーーーン
MOËT
BRUT IMPÉRIAL
MOËT & CHANDON
7年間ずっとウェルカム…
まだ開けてないね。
2012.2月現在
やっぱりか。まあそれ厳密にはお土産じゃないけどね。勝手に持って帰っただけだけどね。でももう完全に開けるタイミングを逸してますよね~。保存状態も常温の部屋でゴロゴロ寝かせてる有り様だし、寝かせてるっていっても「熟成させてる」って意味じゃなくて本当に床で横倒しになってるって意味だからね。最悪ですね。
♪
あっ、あれはどうなりました? ヴェネツィアで買ったイタリアンレザーのおしゃれ手帳!! 日本に帰ったらガシガシ使い込んでアメ色でツヤツヤのカッコいい皮手帳に育てるぜ♪って言ってたヤツ。くったりいい感じに?
P131参照
!!
ああコレ?
新品かっ!?
ドーーーン
2012.2月現在

何コレ♪7年前お店に並んでた時と色同じじゃね？7年の月日を一切感じさせないこの角のエッジの鋭さとか逆にスゴい気すらするんですけど♪普通どんなバリバリのロックスターだってデビューから7年もたてばトンがったまんまじゃ生きられないっていうのに何ですかこの、あの頃と何も変わらないピュアな感じ。
さては使ってねーな。
ココとか
ココとか
イタリアはスリが多いからって事前に東急ハンズで買っていって旅行中ずっと持ち歩いてたチェーン付のサイフ…
えーーっとあとあれがあったなぁ…
ゴソゴソ
うーーん…もうちょっと何か7年の時の流れに驚きを感じるようなのない？
あーー持ってましたね♪
特にナポリとか港に着くまでは終始サイフをにぎりしめてましたもんねボンさん。
あぅぅスリはドコだ。どこでしかけてくるっ？ぬぅ～
ジャラジャラ
何か懐かしいもの入ってます？店のレシートとか？
ユーロ入れっぱなしかよ!?
7年間ずっと!?
ゴーーーン!!
2012.2月現在
だってコンビニとか持ってっても両替してくれないでしょ？
してくれんの？
いや…まぁコンビニじゃ無理じゃない？小銭の両替だって嫌がられるのにユーロって。
銀行行きなさいよ。
あっ両替で思い出したけど、こないだ近所のコンビニにタクシーの運転手さんが慌てて入ってきてさぁ、多分オツリの小銭が欲しかったんだと思うんだけど東京オリンピックの記念コイン出してこれ両替してくれないかって店員にスゴい必死に頼んでたよ。
100円でいいからって。
…それ見てボンさんどう思いました？
そんなの両替できねーに決まってるでしょが～バイトの子が困ってるからやめたげて～♪と思った。
正解。それそっくりそのままユーロに置き換えて考えてみようね♪
そうそう東急ハンズっていえば、この本の最初の旅の準備するために買い物いくシーンで店名は出してないけど明らかに東急ハンズさんとこのトラベルコーナーでがっつり買いました的な内容が載ってるのを東急ハンズの人が偶然見てくれてそれがキッカケで東急ハンズのトラベルコーナーでイベントとしてイタリア編を置いてもらって、あとボンさんが実際に買った旅行グッズも一緒に展示販売してもらったことがあったじゃないですか♪
あの時、普段は売れない携帯洗面器がスゴく売れたんですって。
読んだ人が買ってくれたんですかね。面白いですよね♪
使うとこないのにね。
プッ
未開封!?
おしまい。

5年後の

あとがき

旅ボンは何冊か描かせてもらっているけれどあとがきを書いたことは1度もない。それは最後のあとがきを書いてしまうとあの楽しかった旅の終わりを自ら宣言してしまうような気がして。

それを思うともう少しこの旅の思い出の余韻に浸っていたいと考える自分がいて、もちろん描き終えた安堵感は大きいのだが同時にそれと同じくらい大きな寂寥感にも似た喪失感という名のガブッ!!い痛だだだだだっっ!!でっかい顔がっ。平べったくてでっかい顔のオッサンがかみついてきた!!

いしまったカッコいいこと書こうと思ってウソついたら引っ込みつかなくなって上半分全部ウソのあとがきになってしまった♪そこを仕切り直してくれた真実の口に私は心から敬意を払いたいと思う!!

というわけであとがきを書いたことがない本当の理由はもちろん「そんなもん書いてる時間がない(毎度)」でした。マンガの色塗るのでいっぱいいっぱいなんだよキミィ(涙)だからでした。で今回は本編終って5年後なんでね、改めてふり返る時間があるから書いてみたらこのザマだよ♪えっと最後になりましたが次回作はしっかり締め切りを守って中身のあるあとがきを書こうと思い痛だだだだっっ!!!

2012.2月 Bon.

最後まで読んでくれて

ありがとうございました。

Bon.

■ ボンボヤージュ

1973年岡山県倉敷市生まれ。
イラストレーター。主に頭の大きい動物キャラクターを描く。意味も知らずにつけたというペンネームのホントの意味はフランス語で「よい旅を」だが、旅行は強制されない限り興味なし、というひきこもり体質。書籍をはじめ、Web・携帯サイト、雑貨・文具等、様々な分野で活動し、幅広い世代の人気を集めている。著書に『ちびギャラ』シリーズ、『旅ボン』シリーズなどがある。

著者HP & 公式携帯サイト
http://www.bonboya-zyu.com

初出一覧

『BONte 002』（2005年6月30日 ゴマブックス発行）ローマ・ナポリ編マンガ掲載
『BONte 003』（2005年9月30日 ゴマブックス発行）フィレンツェ・ボローニャ編マンガ掲載
『BONte 004』（2005年12月31日 ゴマブックス発行）フィレンツェ・ヴェネツィア・ミラノ編マンガ掲載
『BONte 005』（2006年3月31日 ゴマブックス発行）番外編対談内にてエピソード紹介
※いずれのマンガも単行本化に際し、大幅修正・加筆を行ない、
BONte005のエピソードについては、初出時のエピソードをマンガ化しています。

※本書は2005年4月にイタリアを旅した体験を元に描かれております。
※本書は2007年10月に『旅ボン イタリア編』としてゴマブックスより刊行したものに一部加筆し、再出版したものです。

新 旅ボン ～イタリア編～

著　者　ボンボヤージュ
編集人　殿塚郁夫
発行人　黒川裕二
発　行　主婦と生活社
〒104-8357
東京都中央区京橋3-5-7
編集部　03-3563-5133
販売部　03-3563-5121
生産部　03-3563-5125
振　替　00100-0-36364
ホームページ　http://www.shufu.co.jp/
印　刷　大日本印刷株式会社
製　本　株式会社若林製本工場

取材・編集・デザイン　鈴木知枝（有限会社ボン社）
担　当　芦川明代（主婦と生活社）

ISBN978-4-391-14162-7　C0076　Printed in Japan